思春期の接し方が
子どもの人生を左右する！

女の子の「自己肯定感」を高める育て方

鷗友学園女子中学高等学校
名誉校長 吉野 明

実務教育出版

はじめに

「自分の自己肯定感が低いので、せめて娘は高い自己肯定感を持った子に育てたい」
最近、そのような話を耳にすることが多くなりました。

自己肯定感とは、自分の存在を肯定し、大切にしようとする気持ちのことです。自己肯定感が仕事のパフォーマンスや人間関係に影響を及ぼすという理由で、その低さを気にする大人も多くなりました。

そしてそれ以上に、自己肯定感は現代の子育てにとって、最大のキーワードでもあります。**子どもの自己肯定感を高く維持することができれば、子育ての最重要ポイントの一つは終わったと考えてもいいほど、将来にわたって大きな影響を与えると考えられている**からです。冒頭のように思う親御さんが増えるのも無理はありません。

結論から言えば、子ども自身の力だけで自己肯定感を上げることは簡単ではありません。なぜなら、親自体の生き方、親からの働きかけ・声かけの仕方で、子どもの自己肯定感は変化するものだからです。実際に自己肯定感の高い親御さんのもとで育ったお子さんは、同じように自己肯定感が高い傾向にあります。反対もしかりです。

しかし、親御さん自身の自己肯定感が低いからといって、諦める必要はありません。自己肯定感は固定されたものではなく、上がったり、下がったりするのが普通です。とくに思春期のお子さんであれば、数年の間に低い状態から高い状態に大きく変わることもよくあることです。

思春期に親がどのように接するかで、お子さんの自己肯定感は大きく変化します。具体的な内容は本文に譲りますが、思春期がどのようなものかを知り、接し方をほんの少し変えることで、お子さんは確実に変わっていくはずです。

日本の子どもの自己肯定感が総じて低いことは、公式の調査データからも明らかです。内閣府『平成26年版子ども・若者白書』では、「自分自身に満足している」と答えた日本の若者の割合は45・8％で、アメリカの若者の86％のおよそ半分という値に止まっています。

また、年齢別に見ても、社会に出る20〜24歳の値が37・4％と、著しく低くなっています。思春期の間に低下し続けた自己肯定感は、ちょうど就職する頃に最低となってしまうのです。

今の子どもたちは、世界の人々と当たり前のように協力して働いていかなければならない時代を生きていきます。学問にしても仕事にしても、日本の中だけで完結することのほうが少なくなっていくでしょう。

そのような時代に、**自己肯定感の高い国の人々と同等以上にやっていくためには、自分のことを信じて、つまり自己肯定感を持って物怖じせずにチャレンジしていく力が必要になります**。私たち大人は、家庭であれ、学校であれ、そういった力をつける手助けをしていかなければなりません。

私は大学を卒業後、縁あって鷗友学園の社会科の教師となり、44年間勤めてまいりました。その中で、生徒たちの自己肯定感を高めることがどんなに大切なことかを、とくにここ数年、痛切に感じてきました。

鷗友学園は、女子教育の先駆者である市川源三によってスタートした学校です。市川が100年以上も前の公立学校の校長時代から実践しようとした「学習者中心主義」という教育のあり方は、まだ女性の地位が低かった時代に、「社会の中で活躍する自立した女性を育てる」ということを目標にしていました。そこにあるのは、生徒個人を尊重し、学習者を中心とする教育でした。

このような教育をするにあたり、自己肯定感を育むことは不可欠でした。鷗友学園では、長い間、生徒の自己肯定感に真正面から向き合ってきたのです。私にとっても、自己肯定感をいかに育むかは、教員人生そのものを賭けたテーマと言っても過言では

「自分自身に満足している」に対し、「そう思う」「どちらかといえばそう思う」と回答した者の合計

全体

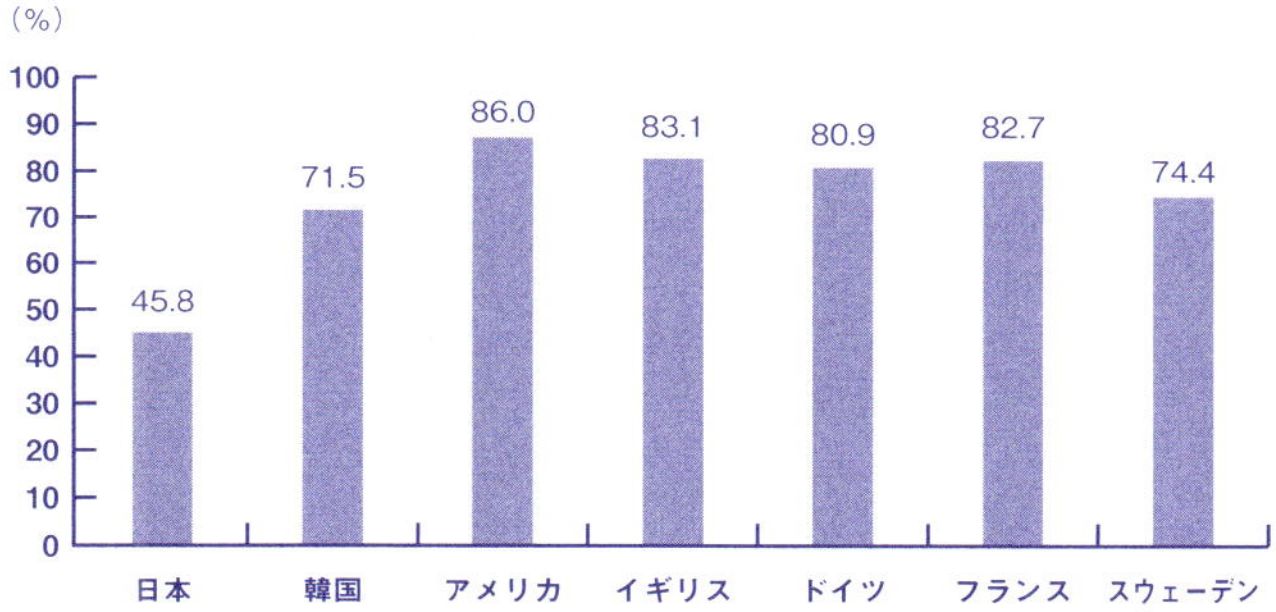

年齢階級別

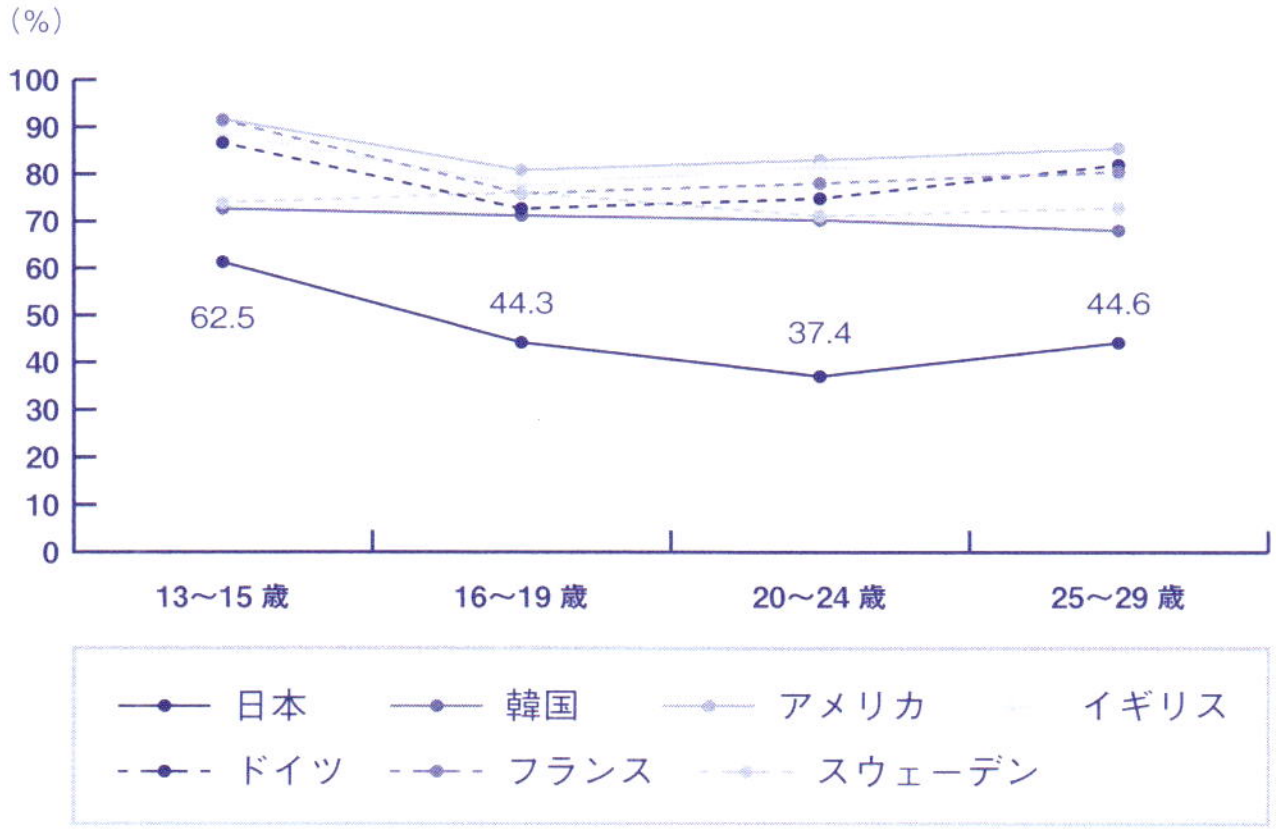

内閣府『平成26年版子ども・若者白書』

ありません。

女の子の場合、反抗期は小学校5、6年生くらいから始まります。本書では、反抗期を含めた、10代の思春期を迎える娘さんを持つ親御さんに向け、思春期の女の子とはどのようなものか、親はどのような心構えを持つべきか、高い自己肯定感を持つ子に育てるためには具体的にどのように接すればいいのかを、私の経験に基づいてお話ししていきます。

もちろん子どもたちへの接し方に誰にでもあてはまる共通の方法はありませんから、お子さんとの関わり合いの中で、親御さんなりの工夫や変更が必要になります。とはいえ、中高一貫の女子校で、多くの生徒たち、その保護者の方々と関わり合いながら気がついたこと、カウンセラーや精神科医など専門家の方々と相談していく中で、さまざまな事例を通して教えていただいたことが数多くあります。プライバシーに配慮するために、細かい設定などは変更していますが、中には何度も同じようなことを経験した事例もありますので、きっと何らかの形でお役に立てると思います。

44年の女子中高での教員生活の中で、本当に数え切れない素晴らしい生徒たちと接し、時に涙し、時に笑いながら学ばせてもらった多くのことをもとにまとめました。生徒が私たち大人に伝えたいこと、教えてくれたことがこの本の中にはぎっしり詰まっています。

ただ、子育てに絶対はありませんので、お子さんの個性を見極めつつ、参考にしていただければ幸いです。

2018年9月

鷗友学園女子中学校高等学校
名誉校長　吉野 明

目次

CHAPTER 2 知っておきたい女の子の特性 41

CHAPTER 3

意識したい娘の「自己肯定感」が高まる接し方

CHAPTER 4 うかつに「自己肯定感」を下げない思春期女子の対応法 121

CHAPTER 5 自分で「自己肯定感」を獲得する女の子の育て方

装丁イラスト：北村みなみ
装丁デザイン：西垂水敦（krran）
本文デザイン・DTP：ISSHIKI
編集協力：黒坂真由子

CHAPTER 1

女の子の親が、
まず受け入れるべきこと

01 娘は自分の分身ではない

お母さんの多くが、娘さんとの一体感を強く感じてしまうのは、仕方のないことです。この世に誕生する前から、10ヶ月もの長い時間をかけてお子さんをお腹の中で育み、生まれてから数ヶ月の間は、自分の時間のほとんどすべてを注いで守ってきたわが子です。そしてそれが女の子であるならば、自分の分身のように思えたとしても、誰も責める人はいないでしょう。

周囲から「かわいいね」と言ってもらうために、小さな子に次から次へと新しい洋服を着せ、娘が褒められると、まるで自分自身が褒められているように喜ぶ。みなさんの周りにも、そんなママ友がいるかもしれません。

しかし、言い方が悪いかもしれませんが、それは娘をアクセサリーとして扱うようなものではないでしょうか。

思春期を迎えた娘が親から離れようとする時に、たとえようもない孤独感にさいなまれるのは、このような方たちです。**自分の分身として、娘との強力な一体感を感じながら子育てをしてきた方ほど、その孤独感は大きなものとなります。**

小さな頃は自分が選んだ洋服を喜んで着てくれた娘が、「これ、かわいくない」と言い出す。毎朝自分が結んであげていたポニーテールを嫌がり、「自分でするからいい」と言ってボサボサの髪の毛のまま出かけてしまう。こういった娘の行動が少しでも見えてくると、無意識のうちに自立を阻む行動に出てしまうのです。

例えば洋服であれば、自分の手元から放したくない母親は「あなたにはこれが似合うわよ」「そんな服は似合わないから、これにしなさい」と言って、子どもの頃と同じように自分好みの服を娘に選んでしまいます。

しかし、思春期のわが子への対応として自然なのは、少しずつ自分で選べるようにしていくことです。自分の服の趣味が芽生えてきているのですから、「今まではお母さんが選んで買ってきたけど、自分で選んでみる？」などと言って、娘に徐々に〝選択権〟を譲るようにしてみたらいかがでしょうか。

思春期は、娘を手放す練習期間

親子面接では、このような関係性は如実に現れるものです。

こちらの質問に対して、「うちの子はこう思っているんですよ。そうよね？」「Aちゃんは◯◯が得意で、こういうことをしたいと考えているんです」と子どもに代わって母親が答えるケース。または、お子さんに質問しても頷きもせずボーッとしているケース。

このような場合、今まで娘に代わって母親があらゆることに対応していたことが伺えます。娘さんは選択することも、人とコミュニケーションを取ることも、「私はやらなくていいんだ」と思っているのです。

- 面談で親ばかりが話している
- 洋服などすべてを親が選んでいる
- 学校選びは本人の意志を聞かず親が中心となって行った
- 受験する学校に本人が行ったことがない
- 遊ぶ相手を親が決めている
- 将来の仕事のために親がレールを敷いている
- レストランで自分でメニューを選べない
- 親が一方的にしゃべって、子どもは「うん」か「ううん」しか言わない

もし、このようなことに少しでも思い当たるふしがあるとしたら、**思春期は娘さん**

との距離を取るためのよい練習期間です。お母さんと一体感を感じて育ってきた娘さんの中には、「お母さんがかわいそうだから、お母さんに申し訳ないから離れられない」と母親の気持ちを敏感に感じ取り、自ら自立を思い止まる子もいます。

また、これまで完全に母親の庇護のもとに育ってきた子だと、自立自体を怖がってしまうということもあります。つまり親子ともに、自立の練習が必要なのです。

子どもの気持ちを受け止めながら、徐々に距離を取る

思春期の子どもというのは、「私はもう大人なんだから放っておいて」と「まだ子どもなんだから面倒を見てよ」という相反する二つの気持ちの間で揺れ動いています。それが思春期の特徴の一つです。

どんなに「放っておいて」と強がっていても、多くの場合は親に頼りたい、頼らなければやっていけない年代ですから、「もう中学生だから」と一気に突き放してしまってはいけません。いきなり手を離された子どもは、非常に不安定な状態になってしま

います。「自分でやってごらん。困った時には助けるから」というように、いつでも気持ちを受け止めるスタンスでいることが大切です。範囲を決めて、その中で自由に選択させたり、行動させたりしましょう。

それぞれのご家庭で、これまでの親子関係のありようによって違いますから、一概にこれが正解と言うことはできませんが、例えば、**これまでしっかりはめていた枠自体は変えないとしても、親子の話し合いによってその時だけ枠を変更する余地を持たせる**などしていくことも一つの方法です。

例えば門限の場合、6時の門限自体は変えなくても、子どもの訴え次第では柔軟に変更を認めます。娘さんが「〇〇ちゃんと買い物に行きたい。帰りは6時半でもいい？」と聞いてきたら、「門限は6時だったよね。6時には一度電話を入れて、6時半には必ず家に着くようにしてね」と約束する。その約束が守れたら、次も同じようなお願いにOKを出す、というように少しずつ自由の範囲を広げていきます。

友達とお泊まり会をしたいという話をしてきたら、「ちゃんとお友達の了解はとったの？　向こうのお母さんはいいって言っているの？」と確認した上で、子どもの前で相手の家に連絡をする。つまり大人も了解していることを見せることで、自分の気持ちだけで動くのではなく、親も含めた関係者ときちんとコミュニケーションを取りながら行動することの大切さを教えるのです。

そして次のお泊まり会の時には、相手の親に連絡しながらも、子どもには親が関わっている姿を見せないといったように、親の関わり度合いを少しずつ下げていきます。

このように、**子どもの欲求を頭から抑え込むのではなく、しっかりコミュニケーションを取りながら、少しずつ枠組みを拡げていきましょう。親の心配する気持ちや、本人が大人になるにあたってやらなければならないことをきちんと伝えて、徐々に距離を取っていくことで、お子さんは自立への準備ができる**ようになります。そしてそれは母親にとっても、子どもと距離を取るためのいい練習になるのです。

02 自分の親（娘の祖父母）との関係を振り返る

誰もがみな、新米ママ、新米パパとして子育てをスタートします。その時に無意識のうちにロールモデルとしているのが、自分の親。ほとんどの人にとって、身近な子育ての手本は自分の親しかいません。ですから、〝自分が育てられたように子どもを育てるのが正解〟と思い込んでしまうのです。

親子関係がよかった場合には問題ありませんが、そうでなかった場合はマイナスの親子関係がそのまま自分と娘の関係になってしまうことがあります。自分が子ども時代に不満に思っていた関係、おかしいと思っていた関係が、そのまま自分と娘の関係に反映されてしまうケースが多いのです。

この問題が厄介なのは、次のような理由があるからです。

- 自分の親との関係が、現在の自分に影響しているとは考えない
- 子ども時代の記憶が心の奥に閉じ込められている
- 不満だったことが、よかった記憶にすり替わっている

よくあるのが、「親も医者、自分も医者だから、娘も医者に」あるいは「自分はなれなかったが娘は医者に」というケースです。ご自身が子どもの頃、「医者になれ」と言われ続けて辛かった経験を記憶の奥底にしまい込み、「娘も医者になるのがいい」あるいは「娘は医者になるのがいい」と思い込んでいるパターンです。

娘さん自身が「医者になりたい」という気持ちを持ち、能力も伸ばしてきているのならいいのですが、そうでない場合は非常に辛い状況となります。親と違う価値観で生きたいのに、医者になるという非常に狭い枠の中でしか評価されなくなるからです。

娘さんに音楽の才能があっても、走るのが速くても、親には認めてもらえません。実際に「成績が悪いから」という理由で、部活を無理やりやめさせられたり、趣味を禁止されたりする子どもは、少なくないのです。

狭い枠内の子育ての弊害

このような狭い枠での子育てというのは、子どもだけでなく親にとっても大きな負担と不安を与えます。例えば「医者になる」という、あまりにも狭い目標に縛られると、そこから外れたらすべて〝子育て失敗〟にカウントされてしまうからです。

とくに子育ての責任を一手に背負わされている母親は、必死です。

父親が単身赴任や海外赴任で「子育ては任せる」と言われている、父親の仕事が忙しすぎて子育てに参加できないなど理由はさまざまですが、「失敗できない…」と考えながらの子育ては、そもそも楽しくありません。どちらかと言うと、与えられた目標達成のためにやらされている仕事と同じようになってしまいます。

また、娘は「絶対に失敗できない」という母親の気持ちを敏感に感じ取りますから、限界までがんばってしまうケースも出てきます。国立の難関校を目指して高校2年生までトップだったのに、もうこれ以上は期待に応えられないと緊張の糸が切れてしまうケースをこれまでたくさん目にしてきました。辛いことを辛いと言えないと、倒れるまで自分を追い込んでしまうのです。

娘との関係改善のための親との関係の振り返り

娘との親子関係がうまくいっていないと感じたら、一度娘から離れて、自分と自分の親との関係を振り返ってみましょう。子どもの頃、自分が嫌だと思っていたことと同じことを、娘にもしていないでしょうか？ご自身が母親に極度に束縛されていたということはないでしょうか？父親が家で怒鳴ってばかりいて、何も言い返せなかったということはありませんか？

ご両親が健在の場合は、大人として直接話すことも、変化に向けての一歩になります。

「実は子どもの頃、お母さんに束縛されて辛かったんだよ」

「お父さんが怒鳴ってばかりいて、嫌だったんだ」

このように伝えたことで、「それは申し訳なかった」という言葉をかけられるケースも中にはあるのですが、そのような恵まれたケースはそれほど多くはありません。祖父母の年齢からいって、素直に認めてもらえないケースのほうが圧倒的です。

そうであっても、このように**親との関係を振り返り、子どもの頃の傷を自分の言葉で表出する、ということができただけでも非常に意味がある**ことなのです。親が他界している場合は、お墓の前で話をしてもいいでしょう。

「親との関係に区切りをつけることができた」

「これで、娘に一から向かい合える」

そんなふうに、次に進むことができるようになるからです。

03 「姉妹みたいな母娘」と言われて喜ばない

最近は、若々しい母親も多く、まるで姉妹のように見える親子連れもよく目にします。それが単なる見た目だけのことであれば、大きな問題はないのですが、精神的な部分にまで及ぶと、娘さんの成長にマイナスの影響を与えることがあります。

思春期を経て、娘は親離れをしなければなりません。しかし、「姉妹のような母娘」の場合、お互いに依存し合ったまま娘が大人になってしまう危険性があるのです。

この **〝擬似姉妹〟関係の落とし穴は、母親が「私は娘を一人前として認めている」と思い込んでいることです**。しかし、このようなケースは相手を認めているということにはなりません。互いに相手に依存する「共依存関係」にある場合が多いのです。

母親は「妹のように距離が近い娘」と思い、娘は「姉みたいに接してくれる素敵なママ」と思っています。2人でいるのがとても楽しく、子どもは友達と過ごす時間より母親との時間を優先するようになります。

ところが、娘と洋服を交換して、一緒に買い物に行って、一緒にメイクをして……といった楽しい時間はあっという間に過ぎてしまいます。娘が高校を卒業し大学生くらいになると、人生の「春」を謳歌し始めるわが子と、反対に人生の「秋」へ向かう母との間に、亀裂が生じるようになります。

こうなった時、無意識のうちに娘に嫉妬し、下手をすると攻撃してしまう母親もいるのです。**娘の幸せを願わない親はいませんが、共依存関係にある母の無意識から生まれる行動は別です。輝く娘が許せない、自分に依存しない娘は許せないのです。**

娘というのは、子どもの頃から常に母親の気持ちを第一に考えているものですから、共依存関係にある母親の心の動き、「私から離れて行かないで！」という気持ちを敏感に感じ取ります。そして、「私のためにがんばってくれたお母さんの側にいてあげなきゃ」「私のことが大好きなママを放っておけない」「お母さんがかわいそうだから私が守ってあげなきゃ」と、自ら自立することを断念してしまうのです。

夫婦関係が悪いと共依存になりやすい

このような母と娘が共依存関係に陥りがちなパターンがあります。それは、母親と父親の関係が悪い場合です。**娘を自分の味方にして、「お父さんってダメよね」と言う関係が固定している場合は要注意です。**

このような場合、「私たち2人でがんばろう」と母と娘の結束が強くなってしまいます。お父さんのために弁解をすれば、娘さんは心の中で「お父さん、かわいそう」と思っています。しかし、娘は本能的に父親とべったりの関係になることを避けますから、どうしても母親寄りになってしまうのです。

軽い共依存はそこかしこに

そこまで本格的でなくても、軽い共依存関係に陥っている母娘は少なくありません。「私のためにがんばってくれるお母さん」「私のためにがんばっている娘」という信頼関係にありつつも、お互いが「これだけ一生懸命してあげているのだから、あなたも私のためにがんばってくれるよね」と、無言の要求をし合っている状態です。

例えば、娘の訴えだけ聞いて、そのまま強い口調で学校に連絡をしてくるお母様がいらっしゃいます。娘からの「私がこんなに辛いんだから、ママは当然何かしてくれるよね」という暗黙の要求に対し、母親は学校に訴えることで「娘のためにがんばっている」ということを示そうとするのです。

信頼関係と共依存関係は紙一重です。「姉妹みたい」と言われて喜んでいてはいけません。客観的に自分たちの関係を見つめる勇気が必要です。

04

自分の「自己肯定感」不足を娘で満たそうとしない

お母さんの中には、自分の自己肯定感を娘の成長で埋めようとする方がいます。子育てが生き甲斐で、自信を持って子育てしているというのであればいいのですが、問題なのは自分の夢を娘に託してしまうケースです。

もともと能力があってキャリアを積んできたのに、結婚や出産を機会にキャリアを諦めて子育てに専念するようになった方に、ややもするとこの傾向が強いように見受けられます。

とくに夫から専業主婦になるように強く言われた場合に、娘を自分の分身として扱ってしまうことがあるのです。

周りを見ると、仕事をしながら子育てや趣味を楽しそうにしているママたちが目に入ってきます。そうすると、キャリアを諦めて子育てしている状況に、「もっとやれたはず…」という後悔や悔しさが重なって気持ちが後ろ向きになり、自分に自信が持てなくなります。

そして、**自分の自己肯定感が下がった母親は、娘に願いを託すようになりがちです。**「自分は挫折してしまったけれど、娘には周りに負けてほしくない！」と願ってしまうのです。

また、〝自己犠牲〟の気持ちが前面に出てきてしまうこともあります。「私はキャリアを捨てて子育てに専念してきたのだから、この子には私の分まで成功してもらわなくては」

このように期待されてしまうと、子どもは非常に苦しくなります。娘さんは幼い頃から母親の期待に応えたいと思っていますから、「私のためにがんばってくれているお母さんの夢を叶えてあげなくちゃ」という気持ちと、「でも、やっぱり私にはできない…」という葛藤の中で苦しむことになります。

例えば、母親が望んだ有名大学に入れたとしても、期待はそれだけで終わりません。いい就職、いい伴侶など、望みは尽きることがありませんから、娘は母親の満足する人生をひたすら歩むように努力し続けなければなりません。これでは誰の人生なのかわからなくなってしまいます。

もっと自分を大切にする

子どもの自己肯定感を育てるために、親ができることの一つは、自分自身を大切にすることです。夫に言われたから仕事を辞める、子どものために自分が犠牲になる、というのではなく、自分の人生を生きる。今からでも自分の心の声に耳を傾け、本当は何がしたいのか、何がしたかったのか、自分自身と向き合ってみましょう。

いきなり大きな目標を立てると、それが達成できないことでさらに自己肯定感は下がります。**スモールステップで、身近な小さなことから、毎日の生活をちょっと豊かにする**ことならできるはずです。全く自分の時間がなかった人ならば、散歩の時間をつくる、好きな本を買って読むでもいいでしょう。資格の勉強を始める、趣味の会に入るのもいいですね。私の周りにも、そんなふうに外で人と会う中で人脈を広げ、再就職を果たした方もいらっしゃいます。

母親自身の生活が豊かになると、それはそのまま家族の生活の豊かさにつながります。母親がイキイキとしていれば、その活力は娘にも伝播していくものです。つまり**母親の自己肯定感が高まると、娘の自己肯定感も自ずと上がっていくのです**。

「娘が一番」ではなく、「自分が一番」でいい。それくらい気楽でいたほうが、お子さんにとっていい影響があるでしょう。

05 娘を自分と比較しない

わが子を他の子と比較してはいけない、ということはあらゆるところで言われています。隣の芝生は常に青く見えがちですから、つい娘のお友だちと比較してしまう気持ちもわかります。きょうだいと比較してしまうこともあるでしょう。

そのような中で、**私が一番よくないと考えているのが、他ならぬご自身、お母さんとの比較です**。これは比較している当人が全く気づいていない上に、毎日顔を合わせる家族でもあるため、深刻です。

一番多いのは、能力における比較です。例えば、「私は女子御三家を出て、国立の難関校に行って、弁護士になったのに、あなたは無理そうね」と言われる子の場合、私大のトップ校に入ったくらいでは親に認められないのです。御三家の中学に入れなかった時点で、能力を完全に否定されてしまった、という子もいます。

学校でいい成績を取り、周りから「すごいね」と言われていても、家では肩身の狭い思いをしているのです。「あなたはどうせ頭が悪いんだから勉強してもムダ。忙しい私の代わりをやりなさい」と、家事全般を任されて勉強する時間がない、という子もいます。

母親との比較が、能力ではなく容姿になることもあります。「うちの娘はかわいくない」と、娘の容姿を極端に卑下するケースです。娘は必ずしも母親の容姿に似るわけではありませんから、自分と似ていなくても仕方ありません。そういった気持ちはお子さんに敏感に伝わりますから、思春期になると娘さんは派手な化粧をしたり、整形をしたりするケースや、逆に「どうせ私はキレイではないのだから」と身だしなみも整えずに学校に行くようになるケースもあります。

家族の誰かが子どもの共感役に

父親も母親と一緒に子育てをするのが、本来の親子関係です。しかし、近代は効率を求めてお父さんは仕事、お母さんは家事というように、役割分担をしてきた背景があります。今子育てをしている親御さんたちの子ども時代を振り返っても、このような価値観の中で育てられてきた方もまだ多いのではないでしょうか。

そこで起きてしまうのが、父親が家事とともに子育てを母親に丸投げするという状況です。そうなると、母親1人の価値観、もしくは父親から示された一つの価値観の中で、子育てすることになります。

子育てには、「背中を押す父親役（父性）」と「共感をする母親役（母性）」が必要です。もちろん役割が逆転していてもいいのですが、どちらか一方が共感役を引き受けなければなりません。「がんばれ！ がんばれ！」とばかり言われ続けては、子どもはヘトヘトに疲れてしまいます。

大家族が当たり前だった頃は、祖父母が共感役になっていたご家庭もあるでしょう。しかし核家族が増え、父親が仕事で不在がちの家庭やシングルの家庭では、どうしても母親1人に育児の責任がのしかかります。そして、そのような場合に母親が選択するのは父性のほうです。自分の子育てが失敗だと言われないように、「がんばれ！がんばれ！」と背中を押し続けてしまうのです。

ありのままを認めると、子どもは伸びる

子どもが一番求めているのは、「ありのままでいいよ」というメッセージです。もちろん親には子どもの成長に対して責任がありますから、もっと上を目指すようについ叱咤《しった》してしまうお気持ちもわかります。

しかし、そのような環境でのびのびと能力を開花させられるような子ばかりではないでしょう。能力を超えた期待をかけられて、つぶれてしまう場合がとても多いので

す。

もし、ご自身がお子さんの背中を押してばかりいる場合は、意識的に子どもの気持ちに共感するように心がけてみましょう。何でも「ダメじゃない」「こうしなさい」と否定するのではなく、「そうなんだね」「よかったね」などと、お子さんの気持ちを受け止めてみてください。

そして、子どもの「ありのまま」を認め、「がんばれ！」ではなく「がんばってるね」、「そんな顔して」ではなく「うれしそうだね」、「ちゃんとしなさい」ではなく「やさしいね」などと一つでもいいところを見つけ、あなたがいてくれること自体がうれしいという気持ちで声をかけるようにしましょう。すると、子どもは「認められているから、がんばろう」と自ら思うようになり、能力は花開いていくものなのです。

CHAPTER 2

知っておきたい女の子の特性

06 完璧主義傾向が強い

思春期を迎えた娘さんを育てていると、「なぜ、そんなことにこだわるのだろう？」「どうして、そんなことを言うのだろう？」と不思議に感じたり、イライラしたりすることがあると思います。

そんな時、娘の言い分の背景にある理由がわかれば、対処の仕方も変わってきます。イライラする前に、思春期の女の子とはどのような特徴があるものなのかを見ておきましょう。まずは、その中の一つである「完璧主義」です。

完璧主義の女子、行き当たりばったり主義の男子

女の子のノートというのは、たいていとてもキレイに整理されています。完璧に板書を書き写すだけではなく、色を変えたり、ちょっとしたイラストを加えてみたり、時間をかけてきっちりしたノートをつくることが好きな子が多いのです。

しかし、かけた時間に見合う分だけ知識が頭に入っているか、板書以上に大切な言葉を聞き逃していないか、友人と意見交換しながら考えるべきことを考えているかというと、それは別。写すこと、ノートをキレイに整理することに時間を取られて、大切な学習時間を減らしてしまう子もいます。

テストから垣間見える完璧主義もあります。とにかく最初の問題から順番に解かないと、気がすまない子がいるのです。最後に簡単な問題があっても、前半にある難しい問題に時間を取られて、そこまでたどり着けずに終わってしまう。簡単な問題に手をつけていない解答用紙を見ると、もったいないと思ってしまいます。

男子校と一緒にイベントなどをすると、男女の違いが顕著に表れます。女子は、あらかじめタイムスケジュールをぴっちり組んで、何時何分に何をするというシナリオを書き、その通りに進めようとします。男子はそんな緻密なシナリオなどないのですが、問題が起きた時や女子のシナリオ通りに進まなかった時に、「じゃあ、こうしようか」と臨機応変にやってみせる。

女子の完璧主義と、男子の「行き当たりばったり主義（臨機応変主義）」の違いが、一緒に行動をするとよく見えてくるものです。

完璧が崩れると行動できない

完璧主義は、「いつもキチッと準備して臨む」という姿勢の表れですから、きちんとした生活を送るという意味においてはプラスに働きます。しかし、「完璧」という前提が崩れた時にとても弱いのです。

Bさんという生徒は、ある日制服のリボンが見つからないので「学校を休む！」と母親に訴えました。いくら母親が「そんな理由で学校を休めるわけないでしょ！」と言っても聞く耳を持たず、「リボンがなきゃ、学校に行けない！」の一点張り。それでも母親が無理やり家を追い出したため、涙目になりながら学校に向かいました。

「完璧」に囚われていると、その前提が崩れた時に対応できなくなってしまいます。

ネクタイが見つからなくても、飄々《ひょうひょう》と出かけていく男の子とは大きな違いです。このような例は後を絶たず、宿題が終わらないことを理由に欠席する子をかなり見てきました。それが高じて、夏休みの課題レポートが仕上がらなくて学校に来られなくなってしまったケースもありました。

女の子は小さい頃から「ちゃんとしようね」と言われて育てられることが多いので、いつでもどこでも完璧にちゃんとしていなければならないという気持ちは、親御さんが思っている以上に強いのです。

娘が完璧主義から抜け出すために親ができること

完璧主義から抜け出すために、親御さんにできることがあります。

まずは、**枠にはめるような言い方に気をつけることです。「ちゃんと〇〇しなくてはダメ」というような言葉を、なるべく使わないようにしましょう。**

「ちゃんとノートを取っているの?」「ちゃんと宿題やった?」「ちゃんとリボンはつけた?」。何気ないこのような言葉が、お子さんの完璧主義を助長することになっているかもしれません。注意が必要です。

娘さんの完璧主義が強い場合には、「完璧でなくてもいい」というメッセージを発信し続けることも大切です。「お母さんも宿題忘れたことあるよ」「リボンがなくても、制服着ていれば平気だよ」。そんなふうに声をかけ続けるのです。

完璧主義は、結局は自己肯定感を下げる方向につながります。完璧でいられるうちはともかく、失敗した時点でとても落ち込み、自分を卑下するようになるからです。「完璧にできない私はダメな人間だ」と思い込み、何事も前向きにとらえることができなくなります。チャレンジしたり、がんばったりする意欲も失ってしまうでしょう。

また、**完璧主義の子は他人に対して非常に厳しくなります**。「私は完璧だけど、あなたはダメね」といった態度に出るようになってしまうのです。これは人間関係を育む上で大きなマイナスですから、友達付き合いでの苦労につながります。

先ほどのリボンをなくしたBさんですが、不安な気持ちで担任に「先生…リボンを忘れました…」と伝えました。すると、先生は「あら、じゃあこれ」と言って予備のリボンを手渡して、「忘れたの？　なくしちゃったの？　見つかったら返してね」と声をかけてくれました。怒られることもなく、Bさんは拍子抜けしてしまったとか。それ以降、「どんな時でも完璧でなくてはいけない」という意識は薄らいだそうです。

完璧でなくても大丈夫という経験を積むことで、完璧主義から抜け出す大きな一歩になるのです。

07 失敗することを必要以上に怖がる

授業中、演習問題を前に成績のよいCさんが鉛筆を持ったままピタッと固まっています。「どうしたの？」と声をかけると、「答えが合っているかどうか自信がない……」と言います。「ここに書き始めてるじゃない」と途中まで書いている解答を指すと、「でも、わからない」と言って、そのまま答えを書くのをやめてしまいました。

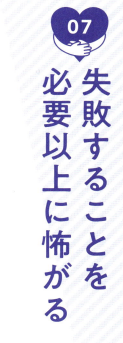

Cさんが解答を書くことができなかったのは、間違えることを怖がっていたからです。絶対正解しなくてはいけない、満点の解答を書かなければ私はできない人間と思われるというプレッシャーが、鉛筆を止めてしまったのです。

間違えることに対して、自分のプライドが許さないということもあるでしょうし、親に怒られる、叱られたくない、もしくは親が悲しい顔をする、がっかりさせたくないということもあるでしょう。このような「絶対に失敗できない」と思い込んでいる子は、実はとても多くいます。

失敗経験を持たない子どもたち

もちろん、誰だって失敗などしたくはありませんし、とくに親はかわいいわが子には失敗させたくないと願うものです。

しかし、意識的に失敗を回避するように育ててきたとなると、それはまた別問題です。小さい頃であれば親が先回りして、身の回りの世話をしたり、学校への忘れ物がないように荷物を揃えたり、受験のお膳立てをしたりと、失敗を防ぐこともあるでしょう。

親が敷いてくれたレールの上を歩いていられる間は大きな問題は起こりませんが、思春期になり自分自身で意思決定して行動しなければならない場面が増えてきた時

に、壁の前で立ちすくんでしまうのは、失敗を回避するように育てられた子どもです。

失敗の経験がないために困ることには、大きく三つあります。

一つは、**失敗のショックに耐えられない**こと。初めての失敗で、「私なんてダメだ」と必要以上に落ち込んでしまうことがあります。中学、高校での失敗など、誰もが経験することですし、その子の人生を左右するほどの大きなものではありません。にもかかわらず、人生がダメになってしまったようなショックを受けてしまう。それは、失敗を経験したことがないからです。

二つめは、**失敗から立ち直る経験をしていない**こと。本来であれば、その失敗の経験を生かしてどうすれば失敗せずにできるようになるか、失敗を挽回するにはどうすればいいのかなど、いろいろ試行錯誤しながら成長することができます。

しかし、失敗して立ち直るという経験をしていないと、ただオロオロするだけで失敗から学ぶことができません。

最後は、**するかもしれない失敗に怯えてしまう**こと。冒頭のCさんのように、「失敗したらどうしよう」という気持ちが先行して、行動することをやめてしまう子もいます。また、「失敗するのではないか…」という不安に押しつぶされて、本来の実力を発揮できないまま終わる子もいます。

中学・高校は失敗するための時期

鷗友の入学式で、私たちが必ず子どもたちに伝えてきた言葉があります。それは**「教室は失敗する場所である」**ということ。中学・高校時代に、たくさんのことにチャレンジし、たくさん失敗して、そこから学んでほしいと考えているからです。

一度も失敗しない人生などありません。何事かに挑戦しようとするならば、失敗は回避できません。いや、失敗があるからこそ、成功につながるのです。

2002年にノーベル化学賞を受賞した田中耕一さんの研究は、失敗から生まれました。田中さんは実験中に、本来混ぜ合わせる予定のなかった二つの物質を誤って混ぜてしまいました。その失敗に必要以上に落ち込むことなく、また使い物にならないと思ったその物質をそのまま放っておかず、念のため分析することによって、探し続けていた結果を得られたと言われています。

失敗を怖がる子にはステージが変わった時に声をかける

では、お子さんが失敗を非常に恐れる様子を見せている場合は、どのようにしたらよいのでしょうか。一朝一夕にはいきませんが、時間をかけて「失敗してもいい」と伝え続けることです。

とくに効果があるのが、ステージが変わった時です。中学進学、高校進学、進級などの時点で、「これまでとは違って、思い切りやってみよう」と声をかけます。

そして結果ではなく、新しく始めたことやチャレンジしたこと、仲間とともにいろいろ考えながら努力していることを褒めるようにします。

「がんばっているじゃない」「そのまま続けて大丈夫だよ」「失敗したら、もう一度やればいいんだから」「その方向でやってみようよ」など、きっかけとなる部分を見つけて、声をかけるようにします。

強いのは、失敗を楽しめる人です。失敗しても諦めない。失敗を素直に認めて次に同じようなことがあった時にはどうすればいいかなど、前向きに繰り返し取り組む。そんな人が結局は成功にたどり着くのです。

08 女子ならではの集団形成の原理がある

男子と女子では、集団のつくり方が全く違います。

男子は子どもの頃からタテ社会の競争原理の中で生きています。ボスがいて、フォロワーがいて、パシリがいて、という数人から十数人の大きな集団をつくります。クラスメイトでなくても、それは同じです。一緒にゲームを楽しむ仲間同士でも、ゲームの腕や持っているアイテム数によって、自然とヒエラルキーができてくるものです。競争して、切磋琢磨していくタテ関係のほうが落ち着くのが男子です。

一方、**女子はヨコにつながった人間関係を心地よく感じます。上下を決めずに、それぞれの場とコミュニケーションを大切にする感覚です。**

自己肯定感が高い子たちが集まると、ヨコの人間関係は自然に形づくられていきます。部活をがんばる子たちのグループ、漫画が好きな子たちのグループ、オシャレが好きな子たちのグループ、勉強ができる子たちのグループ、あるいは別々のことでがんばっている子たちが一つのグループをつくり、それぞれが「私はここでがんばる」という場を持ち、他のグループの存在も認め合います。

同じグループでなくても「がんばれ！」と言い合える関係は、1人ひとりが自立して自己肯定感が高く他人を認めることができるからです。

しかし、**自己肯定感が低い集団では、自分も他人も認めることができず、常に相手を否定する目線で見るようになってしまいます。**

そうなると、集団はだんだんとタテ型になっていきます。「この子は私より下、あの子は上」というようにタテの関係を構築してしまうのです。この場合の指標は、成績、容姿、家庭状況などさまざまです。タテの人間関係が本質的に向かない女子にとっては、非常に辛い関係性となってしまいます。

女子が安心できる席替えでヨコの関係性をつくる

鷗友学園では、入学後すぐに、自己肯定感を高める取り組みを積極的に行ないます。それは女子が安心していられるヨコ型の人間関係を構築するためです。

自己肯定感が上がると、勉強も落ち着いてできるようになり、成績も上がります。**自己肯定感の高さがやる気を生み出し、自分から勉強するようになると成績にも表れて、ますます自己肯定感が上がる、というプラスの循環を生むようになる**のです。

具体的な取り組みの一つは、3日に一度の席替えです。いつまで続けるかはクラスの状況によりますが、大変好評で高校3年でも、少なくとも2週間に一度は席替えを行っているようです。席替えによって、いつも同じではなく違う相手と授業中に意見を交換したいという生徒の希望によるものです。

女子校に入ってくる生徒たちの中には、自己肯定感が非常に低く、人と話すことが極端に苦手な子もいます。このような子は、放っておくとクラスの片隅で誰にも気づかれることもなく、誰とも話すことなく1学期を終えてしまうものです。

しかし、3日に一度席替えがあれば、少なくとも「おはよう」「名前は？」といった会話を3日に一度はすることになります。前後の席の子が挨拶をしてくれれば、その機会はもっと増えるでしょう。

挨拶は自己肯定感を上げる最初の一歩

挨拶というのは、私たちが思っている以上に重要なものです。実はこれが自己肯定感を上げる第一歩になります。「挨拶ぐらいで大袈裟な」と思われるかもしれませんが、挨拶は「目の前にいるあなたを、1人の人間として認識しています」ということが前提にあり、そこから次の会話が広がっていくものだからです。

私たちは最初の保護者会で、保護者の方に「『お友達できた？』と聞かないでください」というお願いをしています。母親に心配をかけないために焦って友達をつくろうとすると、女の子の場合は気が合わなくても、しばしば名簿順に並ばされた周囲の人と〝友達〟になってしまうことがあります。

女子の仲間づくりのポイントは秘密の共有です。「これ、あなたにだけ話すことだから、他の人に言っちゃダメよ。もう抜けさせないからね」などと抜けたくても抜けられない状況ができてしまい、トラブルの原因にもなります。

しかし、3日に一度の席替えを繰り返すことで、子どもたちは30人のクラスメイトみんなと自然な形で友達になることができるのです。焦って友達をつくり、小さな集団にまとまってほしくはありません。

この3日に一度の席替えで、クラスが自分の「場」になった、という子が大勢いるのはありがたいことです。中には「家より学校が落ち着く」という子まで。学校でありのままの自分を出すことができるのは、この席替えの効果だと感じています。

3日に一度の席替えをする学校は、女子校でも多くはありません。でも、挨拶を周囲の人と積極的に交わすことは、どこの学校でもできることです。娘さんにも気持ちのこもった自然な挨拶をしてみたら、とアドバイスをしてあげてください。

最初のうちは「おはよう」と言っても、なかなか返事が返ってこないかもしれません。でも、「おはよう」と言い合える仲間を1人ずつでも増やしていくことで、その習慣がだんだんと周りにも広がって定着していくものです。「おはよう」を出発点に、お互いのことを少しでもわかり合えるように、少しずつ対話の輪を拡げていきましょう。

09

人前で叱ると「自己肯定感」が下がる

女の子の思考の特徴は、男子校、女子校の朝礼での先生の注意の仕方を比べるとよくわかります。男子校では、「山田、列に戻れ！」「佐々木、座れ！」「岡田、黙れ！」など名前と行動がワンセット。1人ひとり具体的に何をすればいいか、いけないのか伝えます。

一方の女子校では、「ちゃんとして！」「はい、みんな集中！」といった声かけで事足ります。**もともと他人とのおしゃべりが好きな女子の場合は10歳を超える頃から言語的な抽象化能力が育ち、それまで以上にコミュニケーション能力も上がってくるため、「ちゃんとして」という一般化された注意方法でも、各自の頭にきちんと入って**

いくのです（おしゃべりだけは止まらない時もありますが……）。

そのような女子に、男子相手のように注意してしまうと、「もっとちゃんとしなくてはいけないのかな……」と過剰に考えさせることになってしまいます。**個人名をあげた具体的な注意は、その子の自己肯定感をダイレクトに下げてしまうことになりかねません。**注意の仕方にも男女差があるのです。

女の子にしてはいけない叱り方

全体への注意内容は自分が言われていることとして耳に入らない男子と違って、女子は自分のこととしてしっかり聞いています。ですから、たとえ個人ではなく全体に対してでも、あまりに注意されることが多いと女の子は疲れてしまう場合があります。

また、基本的に女の子は何をすべきか、どうすべきかがわかっていますから、あまりに男子にするような詳細な注意が続くと「わかってるわよ」とヘソを曲げてしまうことも。思春期の女子に注意をする時には、相手が少なくとも言葉の上ではわかっているであろうことを前提にしてください。

ましてや人前で1人を名指しで叱ることは、女子に限っては絶対にNGです。それが心の傷となったり、「あの先生の授業はもう聞かない」などと頑なになって成績が下がってしまうことがあるからです。

女子を個別に叱る時には、人前を避けるということは覚えておきましょう。これは、私たちが新人の先生、とくに男性の先生にお話ししていることです。

これはご家庭でも同じです。親の期待に応えたい女の子には、「あなたはどうしてそうなの」「あの時も同じことをしたじゃない」などと過去にまで遡って、徹底的に追求するような叱り方は、その行為だけでなく、人格そのものを否定されていると感じてしまいます。反省するよりも「自分はダメだと思われている」「自分は期待に応えられていないのだ」、と自己肯定感を下げてしまうことになるからです。

10

人前で不用意に褒めてはいけない

前の項目で、女の子を人前で叱ってはいけない、というお話をしましたが、実は**人前では褒めてもいけないのが女子の難しいところ**です。もちろん、本人に実力があることを周囲の誰もが認めている場合には問題ありませんが…。

音楽委員のDさんがリーダーとなり、優勝した合唱祭。Dさんのがんばりを見ていた担任の先生が、みんなの前で「Dさんがリーダーとなって、みんなをまとめてくれたので優勝できました」と褒めたところ、Dさんの顔はみるみる曇っていきました。なぜでしょうか?

実はDさんは誰も手を挙げなかったので、自信はなかったけれど、仕方なく立候補したのです。なかなかみんなをまとめることができず、音楽の才能のある子のアドバイスでかろうじて乗り切ってきたのでした。

このようなケースで1人を取り上げる褒め方は、Dさんを追い込んでしまうことになりかねません。**ヨコ並びであることを重視する女子においては、突出するとどうしても周囲から浮いてしまうことが多く、下手をしたら「贔屓《ひいき》されている」「いい子ぶっている」などと攻撃対象になってしまうことがあるのです。**

では、このようなケースではどのように褒めればいいのでしょうか。まずは全体を褒めます。合唱祭のケースであれば、クラスみんなに向けて「みんなのコミュニケーションがよかったから、優勝できました」「クラスがまとまってよかった」と褒めることで、全員が「みんなで一緒にがんばった」とヨコのつながりを意識することができますし、リーダーも「みんなをまとめることができたんだ」という気持ちを持つことができます。**女子を褒める時には、全体を意識することが重要です。個人を褒めた**

い場合は面談の機会を使います。

余談ですが、これが男子であれば、リーダーをみんなの前で直接褒めても、何の問題もありません。褒められた子はむしろ、そのように褒められたことを誇りに思い、他の子も次は自分がその立場になりたいと競ってがんばるのが男子の特徴です。

「突出できない」というデメリットを回避するために

ヨコ並びが心地いいというメリットの裏には、「突出できない」というデメリットがあります。このデメリットを埋めるには、たとえば学校外での習い事や活動などでがんばることが一つの方法だと考えます。

女の子たちの会話の中には、「Eちゃんはバレエのコンクールに出たんだって」「Fちゃんは自分でアプリをつくれるらしいよ」など、友達の「こんなところがすごい！」という話がよく出てくるものです。学校の中ではヨコ並びの関係に縛られていても、学校外の評価軸であれば、女の子はそれを安心して認めることができます。

あの人もがんばっているのだから、私もがんばらなければと、お互いにやっていることは違っても、相手をリスペクトし、目標にしながら自分もがんばるきっかけになります。

ですから、何か一つ自分の得意なものを持つことは非常に重要です。**学校以外の場で自分が人より秀でているものを持っていれば、自分に自信を持てる、つまり高い自己肯定感を持つことができる**からです。私が「お稽古事を続けてください」と親御さんにお話しするのは、このような理由もあるのです。

11 過剰に空気を読む

ヨコ並びを重んじる女の子たちは、過剰に空気を読み合っている部分があります。男性の私から見ると、なかなか大変そうに思うものですが、これを自然にしている子も多いですから、それほど心配するほどのことではないのかもしれません。

実際にある中学生の女の子は、「同調するのが苦痛と感じたことなんてない。だって当たり前だから。『これ、かわいいよね』と友達が言ったら、『そうだね〜』と答えるのは反射みたいなもので、自分の中で「かわいいか、かわいくないか」なんて考えもしない。だから本心と違うことを言っている、という苦しさもない」と言っていました。

とはいえ、中には同調行動を強要されていることを苦痛に感じる子もいます。本当は1人で本を読んでいたいけど、お友達とのおしゃべりに参加する。家でのんびりしたいけど、誘われたから遊びに出かける。自分の意見を押し殺して、相手に同意ばかりしていることもあるでしょう。「わかる〜」「だよね〜」が女の子の口癖というのには、同調を常に求められるという背景があるのです。

家庭の中ではせめて、このような不満のはけ口として話を聞いてあげてほしいと思います。話すだけでスッキリするということもありますから、「そうだよね」「大変だよね」と受け止めてあげてください。これは大きく見れば、日本社会全体の問題とも考えられます。同調行動というのは、日本社会において強い圧力だからです。もしかすると同調することに疲れているのは、親御さんも一緒かもしれませんね。

彼氏への無意識の遠慮

共学校の中では、女の子が無意識のうちに自分の能力を抑えてしまうことがあります。とくに好きな人ができると、相手のプライドを傷つけてしまうから、女の子はかわいく見られるために、彼氏より上の成績を取ってはいけないなどという意識が働くことがあるのです。

「父親は仕事、母親は家事」という役割分担の家庭で「女性は男性に尽くすものだ」という価値観の中で育った子は、とくにその傾向が強いでしょう。**彼氏よりいい成績は取れない、兄よりいい学校には行けないと自分で枠を決めてしまい、自己肯定感を低くしている女の子は多いのです。**

「本返して」から始まる自己主張

自分の意見を持ち、それをはっきり言えるようにならなければ、なかなか自分でつくった小さな枠から抜けることはできません。

鷗友では中学1〜2年生に「アサーショントレーニング」というものを導入しています。Assertion（アサーション）は「主張」という意味の英単語ですが、このプログラムでは相手の立場を尊重しながら、自分の意見を主張するということを実践的に学びます。

もともとは自己主張の強いアメリカで、引っ込み思案な人でもちゃんと自分の言いたいことを伝えられるようにするために始まったもので、日本には１９８０年代に入ってきました。相手を推し量ったり、周りに合わせてばかりいないで、自分の言いたいこと、言わなくてはいけないことを相手の立場もわかった上でちゃんと伝えられるようにするためのトレーニングと言っていいでしょう。

生徒たちが取り組む最初のプログラムの典型例は「本返してね」というものです。自分が本を貸した相手が、「ドラえもんのしずかちゃんだったら何て言う？」「のび太くんだったら？」「ジャイアンだったら……？」ということを話し合います。

本を返してほしいのだけれど、「本返して」と言っても返してもらえないことがある。

相手が違ったら言い方を変えたほうがいい。どのように言えばジャイアンに伝わるだろう？ なぐられずにちゃんと本を返してもらう方法は？ このような答えのない問いを、皆で話し合いながら考えていきます。

その中で、言葉によるメッセージというのは単に自分が思ったことを相手に投げかければいいのではなくて、そこには関係性があるということが見えてくるのです。そして、相手を尊重しながら自己主張するスキルを学んでいきます。

このようなトレーニングが、実際にどのような場面で生かされるのでしょうか。例えば、友人とディズニーランドに行くことになりました。友人の家の門限は8時。一方の自分は6時です。「門限が6時なんて言ったら、バカにされるんじゃないか…」と不安になるのではなく、友人に「うちの門限は6時なんだよね」と話ができるかどうか。

その上で、「じゃあ、どうしよう」と考える。親に「この日だけは8時にして」と話をするのか、友人に一緒に早く帰ってもらうように頼むのか。「6時の門限があるから、ディズニーランドには行けない」と最初から諦めるのではなく、自分の主張を通すために知恵を絞るのです。

親にも友達にも何も言えずに、一緒に遊びに行って遅くなり、親に叱られた経験はありませんか？「悪い子ね、そんな子と遊んじゃダメ」と言われると、親が何と言おうと魅力ある子なので、やっぱり一緒に遊びに行きたいとなります。そうすると次は電車が遅れた、図書館で勉強してきたなどと〝ウソ〟をつくことになり、親に秘密を持つようになります。

親に一つも秘密のない思春期はむしろ危ういとも言われます。このようなことがあったら、それはむしろ子どもの将来にとってコミュニケーション能力を獲得する大きなチャンスだと考え、落ち着いてお子様の話を聞いてあげてください。

価値観の違う友人同士が一緒に遊びに行くという現実的な話から、お子さんが成長するに従って場面は広がっていきます。違う年代の人と働くにはどうしたらいいか。さらには文化、価値観も歴史観も違う隣国の人ともしっかり話し合い、明日の平和な世界を共に創っていくにはどうしたらいいか。そのような広い世界での活躍に向けた第一歩が、この「本返して」のトレーニングなのです。

家でこの練習を行うには、たとえば食事中がいいでしょう。「～に対して、どう思う？」と積極的に娘さんに問いかけ、意見を聞いてみてください。「お父さんはこう考えている」「お母さんはこう考えている」と、ご自身の意見を伝えてもいいでしょう。

その際は、できればご両親で意見が違うほうがいいですね。そして**大切なのは、娘さんの意見であれ、パートナーの意見であれ、尊重すること**です。そうすることで、「自分の意見を言ってもいいんだ」「一つの意見が正解というわけではないんだ」ということを実践的に学ぶことができます。鷗友では、中1の昼食の時間、最初のうちは

「サイコロトーク」を行なって、意見を言い合うことが日常となる工夫をしています。

新しいアイテムを手に入れよう

日本で育った女の子は、好むと好まざるとにかかわらず「場の空気が読める」という能力をすでに身につけています。場の空気を和ませることができるのは、この能力があるからです。

この非常に高いコミュニケーションスキルに加えて、「自己主張」という能力を手に入れることができれば、どこに出ても、国際社会の中であっても活躍することができると私は考えています。

世界会議で各国の主張に配慮しながらも、日本の意見をしっかりと発言する。そんな未来の姿が、今目の前でがんばっている生徒たちの向こうに見えてくるのです。

12

「誰と一緒にがんばったか」が成長を促す

男の子の場合、成長のためには「何をするか」ということが重要です。例えば、学級委員長をした、文化祭の実行委員長をした、部活のキャプテンをした、勉強でトップになったなど、「したこと自体」が経験となり、積み重なって成長につながります。

しかし、**女の子の場合は何をするかよりも、「誰とともに学ぶか」「仲間と一緒にがんばれたか」という、人との関係性の中での学びのほうが成長を促してくれると考えています。**

リーダーシップに関して言えば、男の子にはインペリアル・リーダーシップと言われるような強いリーダーシップが求められてきたのに対して、女の子に求められるのは「シェアリング・リーダーシップ」や「インクルーシブ・リーダーシップ」とでも言うべきもの。**複数の人間がいる中で、それぞれが自分の強みを発揮しつつ、時にはリーダーになり、時にはフォロワーとなってみんなでがんばるのが女子によるリーダーシップです。**

親もそれを理解して、「みんなでがんばれてよかったね」というような声かけをしてあげると、「ちゃんと認めてもらえた」という気持ちになり、自己肯定感は高まります。

女子のリーダーシップ

大学のサークルなどで女の子を見ていると、「この子は共学出身だな」「あの子は女子校出身」となんとなくわかるものです。共学出身の女の子は重いものをまず持ちません。いつも男子が持ってくれたので、力仕事をするという発想がないのでしょう。「何で私がそんなことしなくてはいけないの。男の仕事でしょ」という顔をしています。

国連事務局における国別女性職員の割合

2018年7月23日

順位	国名	職員数（女性数）	比率（%）
1	米国	357（193）	11.88
2	ドイツ	143（74）	4.76
3	フランス	141（68）	4.69
4	英国	138（53）	4.59
5	イタリア	127（58）	4.23
6	カナダ	96（48）	3.19
7	スペイン	82（35）	2.73
8	中国	81（43）	2.70
9	**日本**	**79（49）**	**2.63**
その他		1,273（547）	42.36
合計		3,005（1,379）	100.00

※外務省ホームページをもとに作成

一方の女子校出身者は力仕事もしてきましたから、男子と一緒に平気で重いものでも持ちます。「みんなで一緒にやろう！」という気持ちを常に持っていますから、サボっている人がいると声をかけて巻き込もうとするのも特徴の一つです。

このような能力を社会に出ても発揮することができれば、タテ社会の構造も随分と変わってくるかもしれません。タテの関係の中で、上の1人からの指示で下が動くのではなく、あっちこっちにリーダーがいて、みんなでワイワイやって行く中でプロジェクトを動かしていく。価値観が今まで以上に多様になる社会を動かしていくのは、このようなリーダーシップのあり方ではないかと思うのです。

実際、国際機関で活躍する日本人女性の割合は多く、例えば2018年の国連事務局で働く日本人の男女比は、男性30人に対して女性が49人と男性を圧倒しています。緒方貞子[※1]さんや中満泉[※2]さんを例に出すまでもなく、日本人女性が求められるフィールドは、今のところ日本を通り越して世界の中にあるようです。

この力を日本の社会でも生かさないのは大きな損失です。タテ社会の枠組みを見直し、女性が力を発揮しやすい場をつくっていくのは、私たち大人の役目ではないでしょうか。

※1 **緒方貞子**（おがた さだこ） 国際政治学者。日本人女性初の国連公使となり、特命全権公使、国連人権委員会日本政府代表を務める。１９９１年〜２０００年、第8代国連難民高等弁務官。その後、アフガニスタン支援日本政府特別代表、独立行政法人国際協力機構（ＪＩＣＡ）理事長などを歴任。

※2 **中満泉**（なかみつ いずみ） 国際連合職員。日本人女性初の国際連合事務次長として軍縮担当（ＵＮＯＤＡ）上級代表を務める。２０１７年の核兵器禁止条約の採択などに尽力し、広島・長崎での平和式典に参列。２０１８年、フォーチュン誌「世界の最も偉大なリーダー50人」の1人に選ばれる。

CHAPTER 3

意識したい
娘の「自己肯定感」が
高まる接し方

13 言葉を素直に受け取れない子どもとの接し方

親に言われると、密かに女の子が傷つく言葉があります。それは「ちょっと最近太ったんじゃない？」というもの。何気なく言っている場合も多く、「ちょっとふっくらしてきたわね」「かわいいわよ、女の子らしくなったわね」など、「そのほうがいい」という意味合いで使われることもあります。

しかし、思春期の女の子がこのように言われると、いずれにせよ「痩せなくちゃ」と思ってしまうケースが圧倒的に多いのです。ダイエットを始めたり、極端な場合は拒食症になってしまうこともありますから、「太った」という言葉には注意が必要です。

とくに拒食症のような大きな問題になるケースは、それまでの下地があるものです。

「泣きたい時に泣かない子ども、泣けない子ども」がそれに当たります。

泣くことをマイナスにとらえる現代人

ある日、中学2年生の担任の先生が、校長室にやってきました。若い彼女は見るからに動揺していたので、まずは座って落ち着いてもらいました。

話を聞くと、「生徒を泣かしてしまいました。周りの人は、私がきついことを言ったと思っているでしょうし、きっと親御さんからも電話が来ます。すみません」と頭を下げるのです。二者面談で家族のことに話が及んだ時に、先生が「何か辛いことがあるんじゃない？様子を見ているとすごく辛そうだから。話していいわよ。大丈夫。私聞くから」と言った途端に、わーっと泣き出してしまったというのです。

私が「どうして謝るの。よかったじゃない。泣かせてあげて」と言うと、その先生は「え、泣かせていいんですか？」と唖然《あぜん》とした表情をしていました。

そう、泣かせていいのです。なぜならこの生徒の涙は、ずっと誰にも聞いてもらえずに耐えに耐えていた自分の話をやっと聞いてくれる人がいた、という安心感から出たものだったからです。

今の私たちの社会では、泣くことはマイナスイメージを持つようになってしまいましたが、実際には必ずしも悪いことばかりではありません。涙を流すことはストレスを発散させる効果もあります。

赤ちゃんは、泣くことをコミュニケーション手段の一つとして「お腹がすいた」「おむつを替えて」「眠い」などを表現します。それなのに、電車の中で子どもが泣いていると顔をしかめられたり、ひどい場合は文句を言われたりしますから、お母さんたちは必死で泣かさないように努力することになります。
また、家でも夜泣きをすると、父親が「明日仕事なんだから、静かにさせろ」などと言ってくるご家庭もまだあるようです。

泣くのが当たり前の赤ちゃんを泣き止ませなければならない。これはお母さんたちにとっても、赤ちゃん自身にとっても大きなストレスです。ひどい場合は「私の子育てがうまくいっていないせいで、こんなに泣くんだ」とマイナス志向に陥って、自己肯定感を下げてしまう母親もいます。

ちょっと大きくなってからも、転んで「痛いよー」と泣くと、「なぜ泣くの。痛くない。泣かないの」と泣きたいのに泣けない。泣くことをこらえていると、「いい子」と褒めてくれる。

このように、**泣きたい自分を否定され続けて育ってきた子どもは、親の意向を忖度《そんたく》しながら「泣くことは悪いことだ」という価値観を身につけるようになります。**

そうなると、身体的・心理的に〝痛い思い〟をしても、「痛くない」と自分に言い聞かせ、泣かないようになります。泣かないとママが喜ぶし、褒められるのだから当然です。

あらゆる言葉を「自分への否定」としてとらえる子ども

「痛い・怖い・辛い」と感じる自分自身を否定し、「痛くない・怖くない・辛くない」という言葉に置き換えながら思春期を迎えると、その弊害が意外なところで顔を出すようになります。一つは「痛い・怖い・辛い」などの感情をそのまま感じられず、例えばいじめられても「痛い・怖い・辛い」と表現できず、周囲に訴えられないまま大きな問題に発展してしまうことがあります。

また、相手の言葉がそのまま素直に自分の中に入ってこなくなるのです。これまで親が自分の「痛い」「泣きたい」という気持ちを否定してきたように、「相手は常に自分のことを否定している」「自分の感覚と反対の意味で受け止めることを要求している」という無意識の前提で話を聞くようになってしまいます。

ですから、「ふっくらしてかわいい」という褒め言葉も、「お母さんは本当は痩せろと言っているんだ…」と受け取ってしまうのです。先生が「チームのためにがんばれよ」と声をかければ、「怪我をしている私はチームに貢献できないから、私はいらないんだ…」と考えてしまいます。「こういう学校があるけど、見てこない？」とアドバイスすれば、「私の希望する進路を否定しているんだ…」と受け取ってしまいます。

あらゆる言葉が自分への否定として聞こえてしまう。これは、「痛い」「泣きたい」といった原始的なありのままの感情を、押さえ込むようにしつけられた大きな弊害です。自己肯定感が低いというのは、このようにありのままの自分をそのまま受け入れることができなくなっている状態です。

まず子どもの気持ちに共感する

「痛いの痛いの飛んでいけ！」という言葉を思い出してください。ここにあるのは、共感です。子供が「痛い」ところを認めた上で、さすってやる。共感の気持ちとともに、母親の手の温もりも伝わり、ほとんどの場合は母親に受け入れてもらえたという満足感で痛みは和らぎます。

思春期になっても、対応方法は基本的には同じ共感です。「痛いよね」「辛いよね」「泣きたいよね」という気持ちを共有することから始めてください。

どのように共感していいのかわからない場合は、相手の言葉をそのままオウム返しにするところから始めてみましょう。「こんなことがあったんだ」とお子さんが言ったら、「そんなことがあったんだね」と返す。「すごく頭にきた」と言ったら、「すごく頭にきたんだね」と言う。まずは子どもの気持ちを受け止めることができれば、そこが出発点になります。

相手が泣きたい気持ちの時には、背中をさすったり、頭をなでたりできたらいいですね。実は一番簡単な共感方法はスキンシップですから、ぎゅっと抱きしめることができたら、たいていの場合、言葉はいらないものです。

自分の気持ちを親が受け止めてくれる、自分をまるごと抱きしめてくれるという経験を経ることで、「自分の存在は否定されていない」ということを、子どもは知ることができるのです。

14

「あなたがいてくれるだけで私は幸せ」という愛情を示す

思春期の女の子は、非常に不安定な状態にいます。子どもの頃は親が決めた枠組みの中で生きていたのが、そこから抜け出し、自己を確立しなければならないからです。自分はどんな人間なのか、どのように生きていけばいいのか、そのような大きな悩みに直面するのが、ちょうどこの頃です。

もちろん、その答えをすぐ手にできるわけもありませんから、ほとんどの子が不安の中で立ちすくみ、もがいています。そんな状態にある時に一番必要なのは、ありのままを認めてあげることです。ありのままの自分をそのまま愛してくれる人がいれば、それだけでお子さんは自分の存在を肯定することができるからです。

しかし、親がなかなか「そのままでいいよ」と言えない理由もわかります。なぜなら思春期のこの時期は、中学受験、高校受験などが重なり、「将来のために、もっともっとがんばってもらいたい」という気持ちが強く働いてしまうからです。

親には子どもを自立させる責任がありますから、「そのままでいいよ」というよりも、「もっとがんばれ」というふうに、どうしても背中を押すほうに気持ちがもっていかれてしまうのです。

3世代同居が当たり前だった時代は、祖父母がこの役割を親の代わりに担ってくれたものです。親が何か言っても、おばあちゃんが話を聞いてくれる、おじいちゃんが褒めてくれる。

親が「子どもを伸ばすために褒める」のとは違って、祖父母は「褒めたくて褒める」「つい、褒めてしまう」という傾向があります。このような見返りを期待せずに〝まるごと子どもを包み込む〟愛情は、祖父母が持つ大きな力です。

このように、**思春期の女の子には「あなたがいてくれるだけで私は幸せだ」というような愛情を示してくれる大人が必要です**。ですから、娘さんをかわいがってくれている祖父母の家に1人で泊まらせるのは、不安定な状態の思春期には大きなプラスになります。

小さい頃はよくお泊まりしていたのに最近はさっぱり、というご家庭もあるかもしれません。また、「お友達と遊びに行きたい」などと言って嫌がることもあるかもしれませんが、思春期だからこそ、そんな計画を立てるのもいいかもしれません。

娘の気持ちを受け止めるために

祖父母の代わりになるような大人がいない場合には、ご両親がその役割を果たさなければなりません。親からの愛情は、娘にとってはやはり特別なものだからです。

子どもは親の前では「ちゃんとしなきゃ」という気持ちと「甘えたい」という気持ちの間で、絶えず揺れ動いているものです。普通にしていると親は「ちゃんとしなさい」ということに意識がいってしまいますから、時には意識して「甘えさせる」ことに重きを置くようにします。

「甘えさせる」といっても、何でも好きにさせるということではありません。「相手を認め、受け入れる」ということです。そのためには、娘をこれまで以上によく観察することが必要です。

例えば娘さんが家で勉強をしている時、「この1時間は勉強しなさいね」と言われれば、気乗りしなくてもとりあえず机に向かうものです。

しかし、いろいろな考えが浮かんできて勉強に身が入らないこともあります。ふらっと席を立って、親御さんのところに寄ってくることもあるでしょう。これまでなら「ちゃんと勉強しなさい！」と言いたくなるところですが、そこを「どうしたの？何か言いたいことがあるの？」とたずねてみてください。

娘さんの言葉にならないモヤモヤした気持ちを受け止めようとすることが、この時期の大きな支えになります。実際に受け止められなくても、かまいません。「受け止めようとする」気持ちが伝われば十分です。

また、女の子は自責観念も強く、勉強すべき時に身が入らない自分を「こんなことをしていてはダメだ、私はダメな子なんだ…」と必要以上に責めていることもありますから、そもそもあまり強く叱る必要はない場合が多いのです。

I（アイ）メッセージを送ろう

この時期に「ありのままの自分」を認めてもらえる環境が失われていると、将来的に極端な逸脱行為として現れることもあります。スリムな体型であるにもかかわらず、「私はまだまだ太っている」と思い込んで摂食障害になり医者にかからなければならない子。お小遣いに不自由していないのに家族の財布からお金を持っていってしまう子。こういったケースは、裏に「私のことを見て」「私を認めて」という切実なメッセージが隠れているのです。

日々の関わりの中で、親にできることはあります。それは、「Ｉ（アイ）メッセージ」を使うことです。「Ｉ」、つまり「私」の気持ちを相手に伝えるのです。

「（あなたが）がんばれ」ではなく、「（私から見るとあなたは）がんばっているね」。「（あなたは）〜ができたね」ではなく、「（私はあなたが）〜ができてうれしい」。

主語を「Ｉ」に変えることで、娘に成長を「促す」のではなく、娘の成長を喜ぶ心が伝わるようになります。

不安で神経を尖らせている娘さんにかける言葉を、このように親の感情を言い表すものに変えることで心の鎧《よろい》が外れて安心を与え、娘さんが自分の意志で動こうと思えるようになるのです。

15 「女の子は理系が苦手」という思い込みを捨てる

思春期の女の子は「失敗したくない」という意識が強いので、間違える前に質問をしに来ることがよくあります。その気持ちを汲んで「このままやれば大丈夫だよ」と背中を押してあげると、安心して勉強を続けることができるものです。1から10まで教えてしまうのも、父親にありがちな「こんな問題もわからないのか！」といった態度も助けにはなりません。

親は「抽象化への不安」を理解しよう

親がまずできることは、娘さんの数理的な抽象化能力がまだ十分に伸びていない時期の「抽象化への不安」を理解することです。その上で、できることなら図を描いたりして具体的な形で教えるといいでしょう。

「男子は理系が得意、女子は文系が得意」。いまだにこのような考えを持っている方が多くて、驚かされることがあります。

しかし、得意分野に男女差はありません。私の経験から言うと、あるのは男女の脳の発達段階の差だと思います。**男女ともに10歳頃から抽象的な概念が発達していくのですが、女子は「言語→理数」、男子は「理数→言語」という順番で発達するのが一般的です**。

61ページでお話ししたように、「ちゃんとして！」といった抽象的な注意でも女子が理解できるのは、言葉に対する抽象化能力がすでに育っているからです。

もう一つの**理数的な抽象化能力ですが、男子は10歳頃から、女子は数年遅れて発達します**。ただ、これが最終的な能力差となることはありません。それなのに、「理系は男子のほうが得意」という認識が強いのはなぜでしょうか？

現在の学校の理数系のカリキュラムは、男子の脳の発達段階に沿ってつくられている場合がほとんどです。男子の抽象化能力が伸びていく5年生あたりで、算数や理科の抽象化度合いが上がります。

例えば算数で比例や割合が出てきたり、理科で抽象的な概念を扱う電気や力学の分野が始まったりすると、具体から抽象への切り替えがこの段階では未発達な女子はつまずいてしまうのです。

それまでは、「A君がりんごを3個買ってきました」「Bさんが100メートル走りました」というように、単位のついた具体的な話だったのに、比例や割合は「全体を1とします」「全体を100とします」という話となります。1個や1メートルは目に見えますが、比例や割合は目に見えない数そのものの概念です。単位がつかない数の概念を扱うことに、10代前半の女の子はなかなか慣れることができません。

この時期に算数ができない、理科ができないという思いをしたために、「私は理系が苦手」と思い込んでしまう女の子が多くいます。あるいは、親御さんが「女の子だから苦手なのね」とレッテルを貼ってしまって、そう思い込まされている。やってもムダと思ってやらなくなる→やらないからますますできなくなる、という悪循環に陥るケースが多いのです。これは男女平等の建前から女子の脳の発達段階を無視した授業計画を行なってきたことによる弊害です。

女子の発達に合わせたカリキュラムの利点

鷗友学園では、中1で理科は生物だけを学びます。高校2年生くらいまでの範囲の生物を一気に学びます。理数的な抽象化能力が成長する前の女子にとって、目に見える、手で触れられる生物は理解しやすいのです。

それにより、「キレイ」「すごい」「面白い」「どうしてこうなるんだろう？」と、理科が好きになるのです。そして学年が上がるにつれて、電気などを含めた物理的な内容に入っていきます。その頃には理数系の抽象化能力も育っていますから、苦労することなく習得できます。

そのおかげでしょうか、高校2年生、3年生で文理選択をすると、文理の割合はほぼ半々です。理系は全員が化学を必修で学び、もう1科目の選択は生物が25～30％、物理が75～70％と、圧倒的に物理選択生が多くなります。また文系の「基礎理科」でも、物理を選択する生徒も数名ですが出てきています。

また、数学でも、抽象的な「数」を扱うだけでなく、具体的な「物」から入る授業があります。例えば図形。男子の場合は線で描かれた図形を頭の中で立体としてイメージしやすいのですが、女子の場合はそれが難しいことが多いのです。そのため中学1年生では折り紙を使って八面体をつくったり、コンピュータソフトを使ってイメージすることで、具体と抽象の間をつなぐようにしています。

数の概念を扱う時には、トランプを使うこともあります。遊んでいるように見えて、これも具体から抽象へのステップアップを狙っているのです。

ですから、お子さんが抽象的な思考を必要とする単元でつまずいた時には、何らかの形で手を使ったり、見て確かめることができる工夫をしてあげるといいでしょう。そうするだけで、ストンと内容が飲み込めたりするものなのです。

16

上から目線を卒業する

皆さんはご自身がどのように呼ばれたら心地いいでしょうか？　大人であれば「○○さん」が一般的ですが、仲が良ければ名前を呼び捨てされてもかまわないものです。会社では女性というだけで「○○ちゃん」と呼ばれることもあるかもしれません。

思春期の女の子というのは、「まだ大人ではないけれど、子ども扱いされると頭にくる」という微妙な立ち位置にいます。そんな女の子にピッタリな呼び方は「○○さん」だと考え、鷗友学園では生徒も「さん」付けで呼ぶようにしています。このように呼ぶことで、生徒たちに「あなたを対等な人格として見ている」というメッセージを発信することができるからです。

この女の子の微妙な立ち位置に鈍感なことが多いのが「父親」です。男性はタテ社会が当たり前ですから、呼び捨てされても気にすることはありません。父親が思春期の息子に対して、タテの関係でものを言ってもあまり問題にはならないでしょう。

しかし、娘は違います。**子どもの頃と同じように、上から目線で「これはダメじゃないか！」「こうしろ！」などと指示を出すと、娘の気持ちはスーッと引いてしまいます。指示の内容よりも、「上から目線」であることに納得がいかないのです。**

対等な大人として扱う

娘さんはいつまでも子どものままではありません。いつか対等な大人として扱うべき日が来るのです。思春期はその始まりです。大人でもなく、子どもでもない娘さんの扱いは難しいかもしれませんが、これまでのように上からの命令口調では話が通じなくなってしまいます。

まずは相手をこれから大人になる1人の人格として認めて、話をするように意識することです。**娘さんの意見に対しても、すぐに正論を、あるいは持論をぶつけるのではなく、「そうだよね」「そう考えているのか」といったん受け止める。「こうしろ」と命令するのではなく、「こうしたらどうかな」と提案をする。**

このような小さな変化でも、コミュニケーション能力の高いお子さんなら、きっと気づいてくれるはずです。そして、そのように話す大人に対しては、心を開いて話してくれるようになるでしょう。

17 親は「小児科医」であれ

大人の場合、お腹が痛ければ「脇腹が刺すように痛い」、腰が痛ければ「歩く時に尾てい骨の上のあたりがきしむように痛む」など、どこがどのように痛いかをちゃんと言葉にして伝えることができます。

しかし、小さな子どもは「痛い」と泣くだけで、その痛みをうまく説明することができません。小児科医は診察しながら、言葉にできない子どもの痛みがどこにあるかを探っていきます。やさしく質問したり、触診したりしながら、原因を探り当てていくのです。

思春期の女の子は、痛みがどこにあるのかうまく言えない小さな子どもと同じです。

学年別加害児童生徒数

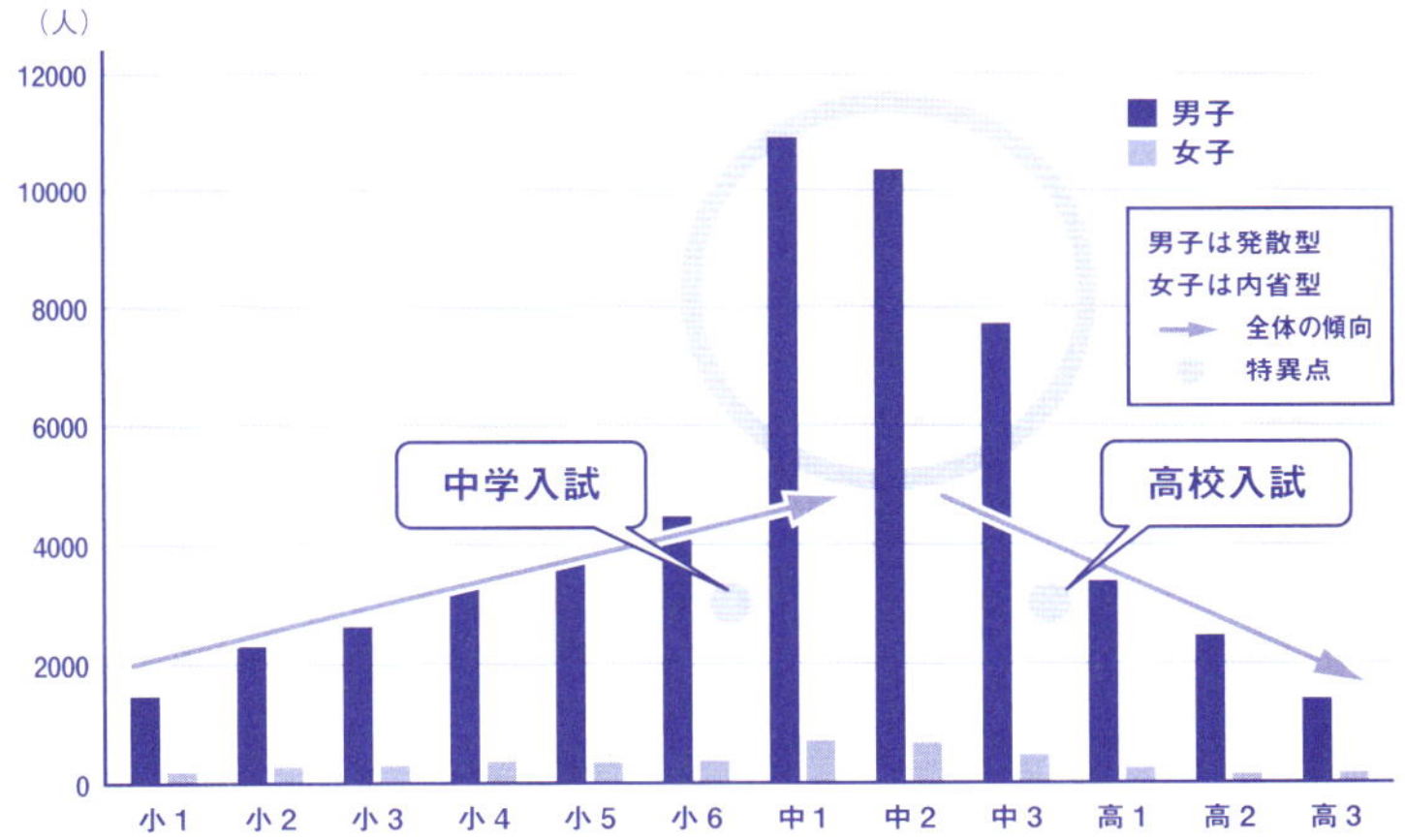

2016年度文部科学省「児童生徒の問題行動・不登校等生徒指導上の諸問題に関する調査」

心の痛みを抱えつつ、それをうまく表に出すことができません。

不安定な気持ちは男子・女子ともに変わらないはずなのに、それが痛みを発散するための問題行動として表に出るケースは、圧倒的に男子に多く見られます。

グラフを見ていただくとわかるように、男の子は心の痛みを外に発散することで解決していくことが多いのです。しかし、女の子はそれができないために、内に内に閉じ込めてしまうことになります。

ＳＯＳの出し方がわかりやすい男の子

には、周りの大人はすぐに対処することができます。男子のＳＯＳは、相手を威嚇《いかく》する表情を見せる、暴言を吐く、暴れる、けんかをする、教室からいなくなる……など、あからさまなサインとして現れます。

しかし、女の子は違います。男の子と同じくらい大きな痛みを抱えていても、ちゃんと座って普通の顔をしています。ニコニコしている子さえいます。これではいくら心の奥底でＳＯＳを叫んでいても、あるいは叫ばなければならない状態になっていても、周囲の大人はもちろん親も気づくことができません。

ちょっとした変化を見逃さない

そんな女の子に対して、親は小児科医のような態度でお子さんの様子を観察し、ちょっとした変化にＳＯＳの兆候を見つけることが大切です。**心の痛みを話すことができない女の子でも、言葉、表情、態度、行動、姿にその痛みの片鱗《へんりん》が見え隠れしているもの**だからです。

例えば、中学校生の女の子が塾に行くのに、肩まで大きく衿の開いた洋服を着て母親の前に現れたとします。「みっともないから、そんな格好やめなさい」と一蹴するのではなく、そんな時こそ焦らず小児科医のアプローチが必要です。

なぜなら、娘さんは「塾に行くのにこの服装はふさわしくない」とわかっていて、あえてその洋服を選んでいるケースが多いからです。無意識にせよ、その裏には母親に「私のイライラに気づいてほしい」「私のことを見てほしい」という思いが潜んでいるのです。

こんな時には、まず相手を認める言葉からスタートします。「もうそんな洋服も似合うようになったのね」というように、いったんお子さんをまるごと受け入れます。そして、場にそぐわないのであれば、「でも、塾の時にはせめてカーディガンを上から羽織って行こうか？」などと提案してみるのもいいでしょう。

反発して、そのままプイッと出て行ってしまうこともあるかもしれませんが、「どうして?」と聞いてきたらじっくりと話をしてみましょう。頭から親の価値観を押しつけるのではなく、まず子どもの言いたいことをしっかりと受け止めてください。そして、親としての気持ちをIメッセージを使って子どもに伝えるところから始めましょう。

このようにいったん受け入れてもらうとお子さんの肩の力は抜け、「親は自分を見てくれている」「放っておかれていない」「私は認められている」と感じられます。そうした経験を積み重ねることで、胸の奥にある痛みがゆっくりと溶けていくことになります。**親は小児科医のような目線で、子どもの小さな変化から、その痛みを感じるようにしてください。**

ある個人塾に通う中学2年生の女の子Gさんが、暗い顔をして塾から帰ってきました。Gさんは「来週から制服で来るように言われた」と言います。服装の乱れを気にした塾の方針変更でしたが、本人は納得がいかないようで「バカにしてる。みんな乱れているからなんて。私はちゃんとしているのに。私は絶対に私服で行く！」と譲りません。その時にお母さんは、「あなたの気持ちはよくわかった。それなら私服で行けばいいよ。お母さんが怒られてあげるから」と言って娘の意見を受け入れました。

後にお母さんは次のように話をされていました。

「娘はしばらく私服で通っていましたが、そのうち制服で行くようになりました。どうも私が『私服でいいよ』と言ったことで、肩の力が抜けたようです。もし私が『制服で行きなさい』と言って娘の意見に反対していたら、きっと意地を張って、全然違う結果になっていたと思います」

学校でも、塾でも、家庭でも、どこか一カ所だけでも「自分は理解してもらえている」という経験は、思春期の女の子にとって非常に大切です。娘さんのSOSのサインを見つけた時には、まずは相手を受け入れるという姿勢で臨んでください。

18 二つのタイプ別能力の伸ばし方

子どもの能力の伸び方には、二つのパターンがあります。一つはゼネラリスト型、もう一つはスペシャリスト型です。

ゼネラリスト型の子は、広く浅く満遍なく手をつけて、少しずつそれらの能力を伸ばしていくタイプ。知識や経験をコツコツと積み重ねていきます。学校の勉強がよくできて、成績に反映されるのはゼネラリスト型の子です。

一方のスペシャリスト型の子は、一つのことに集中して、うんと掘り下げていくタイプ。例えば、「戦国時代」にはまると戦国時代については非常に細かく知っているのに、他の時代には興味がないので日本史は好きでも、社会科の成績はイマイチだったりします。
親が不安になるのは、このスペシャリスト型の子です。このまま戦国時代だけ楽しんでいていいのだろうかと心配になり、「他の勉強もちゃんとやりなさい！」とつい小言を言ってしまいます。

スペシャリスト型であることを認める

この子にとってまず大切なのは、数学や国語などをイヤイヤ勉強することではありません。戦国時代を極めることです。スペシャリスト型の子というのは、一つのことに集中的に取り組む中で、さまざまなことを学んでいきます。本の読み方、文献の調べ方、ネットでの情報の取り方など実践的なことだけでなく、周りの人との付き合い方、自分の中にある能力の活かし方や伸ばし方まで、徹底的に身につけていきます。

このように自分の能力の伸ばし方が一度わかると、他への応用もできるようになります。その後数学に取り組み出したとしたら、そのコツをつかむのも早いものです。

そして、だんだんと他の能力も底上げすることができるようになります。

もし、お子さんが何かにはまっているとしたら、あまり目くじらを立てずにそれを応援してあげてください。「がんばってごらん」「すごいじゃない」「そんなにできるようになったんだ」。国語だけが突出していい成績なら、「他の科目をがんばれ」と言う前に、まず国語ができていることを褒める。突出している部分を取り上げて褒めるのです。

これはもちろん学校の教科だけのことではありません。音楽でもスポーツでも芸術でも同じです。**娘さんが興味を持って自ら真剣に取り組んでいるものが何かあるなら、そこを後押ししてあげることが、結果として子どもの全体的な能力を引き上げることにつながります。**

実際に「天才」と言われるような人は、子ども時代は「劣等生」と周囲から見られていたケースが多いので、親は長い目でその子の成長を見守る必要があるのです。

このようにお話をすると、「うちの子はゼネラリストだからどうしよう…」とおっしゃる親御さんがいらっしゃいます。受験を考えると、ゼネラリストの子を持つ親御さんのほうが心労は少ないと思いますが、「何かに秀でていないと、ＡＩに仕事を奪われてしまう」という論調が主流の現在、心配になるお気持ちもわかります。

でも、大丈夫です。ゼネラリストの子は、広く浅く手を出す中で面白いものに出会える可能性が高いと言うことができます。そのうち「これ！」と思うものを見つけるでしょうから、親はあまり焦らずに、子どもが何かをやりたいという気持ちになったら、それをサポートしてあげてください。

ゼネラリスト型にしても、スペシャリスト型にしても、親にできることはその子の興味や能力が伸びるきっかけを待つことです。辛抱強く「待つ」というのは、小さな頃から変わらず、根気が必要で非常に大変な時間になりますが、それが何よりも重要なことなのです。

19 娘が辛い時はぎゅっとする

受験での合格発表の様子を見ていると、胸が苦しくなることがあります。とくに不合格とわかった親子の場合、ご家庭によって対応に全く違う様子が見られるからです。肩を落とす子の背中をさする母親、肩をぎゅっと抱く母親がいる一方、もう用は済んだと言わんばかりに踵《きびす》を返して子どもを置いて歩き出す母親もいます。子どもがうつむきながら、親の後を小走りについていく姿には胸を締めつけられます。

失敗体験をして落ち込んでいる子どもに「大丈夫だよ」と言ってあげる、あるいは「できなくてごめんなさい」と言う子どもに、「ここまでよくがんばったね」と言って抱きしめてあげられるかどうか。**辛い時にぎゅっと抱きしめてもらえる子というのは、**

失敗しても不安があっても、それに立ち向かっていくことができるものです。

しかし、抱きしめられた経験を持たない子は、失敗に非常に脆い。たった一回のつまずきで立ち直れなくなってしまうのは、このような子たちに多いのです。

表面的には何もなかったかのように明るく振る舞っていても、心のどこかに火種を抱えていて、失敗しないようにと身構えていることが多いのです。そして、次に大きなチャレンジをしなければならない時には、また失敗してしまうかもしれないと、その場から逃げ出してしまうことがあります。

「〇〇しなさい」だけが子育てではない

近頃、〝言葉だけの子育て〟をしているご家庭が増えているように感じます。つまり、「〇〇しなさい」という指示中心の子育てです。

仕事から帰って、家事をして、翌朝も早く出勤しなければならない。そんな毎日の生活の中で、もしかすると娘さんが小さい頃からすべきことをするように声をかけるだけで精一杯で、スキンシップの時間を取ることができなかったかもしれません。

スキンシップが苦手な母親が増えているのは、私が見ていても感じるところです。ちょっと甘えて寄り添った娘に、「何しているの？気持ち悪いわね。ちゃんとしてちょうだい」と言う母親さえいます。

しかし、88ページでもお話ししたように、スキンシップは共感を示す何より簡単で重要な方法です。とくに自己肯定感が下がっている時には、どんな声かけよりも母親の温もりのほうが、お子さんの再生の力になるものなのです。

まずは目を見ることから

膝に乗る、腕に絡《から》みつく、後ろから抱きつく。これはスキンシップの多い家庭で、思春期に入った女の子が普通に母親にしていることです。もし娘さんとのスキンシップが思い出せる限り全くないとしたら、親として意識する必要がありそうです。

スタートは視線を合わせること。話をする時、ちゃんと目を見て話しているでしょうか。「お母さん」と呼びかけられても、「忙しいから後にして」と振り向きもしないことはありませんか。

どんなに忙しくても、「なあに？」と一度は視線を合わせるようにしましょう。視線を合わせることは、スキンシップの第一歩です。いきなり抱きしめるのは難しいかもしれませんが、視線を合わせることならできそうですよね。

次には、肩を叩いたり、肩に手を乗せたりしてみましょう。「行ってらっしゃい！」と言いながら、背中をポンと軽く押してあげるのもいいですね。

普段からスキンシップを取っていないと、お子さんが本当にそれを必要とした時に、突然やろうとしてもぎこちなくなりますし、お子さんが「どうしたんだろう。気持ち悪い」と引いてしまうことにもなります。まずは、視線を合わるところから無理なく始めてみましょう。

20 ほどよい距離感を意識する

お子さんが辛い時にぎゅっと抱きしめてあげることは必要ですが、いつもいつもくっついてベタベタとしているのはいけません。**とくに思春期に入ったら、親は適切な距離感を意識する**ことが大切です。

何でも親がしてくれる、何でも親が代わりに答えてくれる、何でも親が正解を示してくれる状況は、娘に「自分には力がないから、親がやってくれているんだ」という意識を生み出します。これでは自己肯定感は絶対に上がりません。

一方で、過度な放任主義も自己肯定感を下げる要因となります。「私を1人の人間として見てくれない。私にはそんな価値がないからだ」というように思ってしまうからです。

辛い時にはちゃんと話を聞いて抱きしめ、そうでない時には背中を押して自分でやらせる。娘との間合いをうまい具合に取っていかなければならないのが、思春期の難しさとも言えるでしょう。

過保護から放任へ一気に切り替えない

あるご家庭では「中学生になったんだから、自分のことは全部自分でしなさい」と言って、掃除、洗濯から食事の準備まで娘に任せるようになりました。そこまでしなくても、実際に娘が中学生になってからフルタイムで働き出すお母さんは多いものです。それが、母と娘の協力体制の中で行われるのなら問題ありません。例えば「週2回は私に夕飯をつくらせて」というように、娘が進んで母親に協力するような形です。

そうではなく、一方的に娘に家事全般を任せてしまう、という極端な形を取るのは問題です。過保護から放任へ一気に移行しては、娘は戸惑ってしまいます。「私なんかもう親の目の中に入っていないんだ」「勝手にしなさいと突き放されてしまったんだ」と感じてしまいます。

くっつきすぎてもいけない。放っておきすぎてもいけない。ほどよい距離を測るのはなかなか難しいものですが、娘さんの様子をよく観察しつつ距離を測ることが必要なのです。

CHAPTER 4

うかつに「自己肯定感」を下げない思春期女子の対応法

21 反抗する娘とヨコの関係を築く

これまでタテの関係の中で育ててきたのに、いきなりヨコの関係になろうと言っても、なかなか難しく感じる方も多いようです。上から下への指示や命令の形から、どのようにヨコのつながりへ変えていったらいいのでしょうか。

反抗期になると、子どもはこれまでのタテの関係に対して反発を見せるようになります。「親がAと言ったらB、Bと言ったらA」というように、言うことを聞かなくなります。その時に、これまでのように「Aにしなさい！」と強く言ったり、「いったいABのどっちなの!?」と問い詰めたりするのではなく、まずは〝静観〟することです。

お子さんがイライラしながら「Aじゃない、Bもヤダ」と言っているとしたら、親は落ち着いて「何かあった？」「どうしたの？」「じゃあ、こういうふうにしてみたら？」と、お子さんの気持ちに寄り添う声かけをしましょう。その際のポイントは、**「決めるのはあなた（娘）」ということをしっかりと示す**ことです。つまり、タテの枠組みで親が持っていた決定権を娘に譲り渡すということなのです。

自己決定の練習をさせる

小学6年生のHさんは、運動会で赤組の応援団長に立候補するかどうか迷っていました。「お母さんは、私が応援団長をしたほうがいいと思う？」と何度もたずねてきます。そこでお母さんは、「あなたがやりたいなら、やってみれば？ 失敗してもいいんだよ。お母さんは、ちゃんと見ているからね」と伝えたところ、Hさんは応援団長に立候補することに決めました。

5年生、6年生頃から、子どもには「自己決定」の練習をさせなくてはなりません。

中には中学受験をするかどうかなど、かなり大きな決定も含まれることになるでしょう。娘さんに大きな決定をさせるのが不安で、ついこれまでのようにレールを敷いてしまいたくなるかもしれませんが、ここは親もふんばりどころです。**親御さんも、タテの関係からヨコの関係に降りていく練習をしていかなければならない**のです。

このような時、言い争いも多くなるかもしれません。でも、とにかく冷静に。そんな時にまで、ヨコの関係で「対等に喧嘩する」ということだけは避けてください。

22

派手になってきた服装、メイクを受け入れる

体が大きくなり、子ども服ではなく大人向けの洋服を着ることができるようになってくると、選択の幅がぐっと広がります。胸元が大きく開いている服や、派手な色使いの服に惹《ひ》かれるようにもなるでしょう。

今まで着られなかったような服を着てみたいと思うのは、自然なことです。全くオシャレに関心を示さないよりはいいのではないでしょうか。とはいえ、あまりに奇抜な格好に走られると、親としてはやはり心配だというお気持ちはわかります。

派手な服を着たい背景には、「私を見てほしい」という欲求とともに、68ページでお話ししたように友達との「同調行動」という側面があります。同調行動とは、みん

なと同じ行動をして安心感を得ることです。とくにヨコのつながりの中で生きている女の子は自分の個性がまだ見えず、自信がないうちは「みんなと同じ」が心地いいのです。仲良しの女の子同士でそっくりな格好をする「双子コーデ」などは、その極端な形と言ってもいいかもしれません。

そして、自己肯定感の低い子は、派手な格好やメイクをすることで、自己肯定感を上げようとします。オシャレをしてちょっとかわいくなった自分を認め、「かわいいね」と言ってくれる人がいれば、そのことで自己肯定感を高めることができるからです。

まずは子どもの変化を受け入れる

- 自分を見てほしい
- 同調行動を取りたい
- 自己肯定感を上げたい

これらの思春期の女の子が派手なオシャレをする理由を考えると、親は適切に対応しなければならないことがわかります。**基本は子どもの変化を「受け入れる」こと**です。どの理由が強いにしても、そこにあるのは「まだ自信はないけれど、こんな自分でも人に受け入れられたい」という強い思いです。受け入れられている実感を持つことができないから、自己肯定感が低い状態が続いて不安になるのです。

ですから、洋服にしてもメイクにしても、派手になってきた最初の頃の対応が大切です。「あら、似合うじゃない」と言って、まずは受け入れる。ファッションを受け入れることが、「自分を見てほしい」「同調行動を取って安心したい」「自己肯定感を上げたい」という娘の気持ちを受け入れることにつながります。

「受け入れられる」という経験を積んで自己肯定感が上がってくると、無理に派手な格好をしなくても、つまり周りに服装やメイクで認めてもらわなくても、大丈夫と思えるようになるものです。「素のままの私で大丈夫」と思えるようになれば、外見にも落ち着きが出てきます。

このように考えると、外見の派手さと自己肯定感の高さは、ある程度、反比例していると見ることもできそうです。**お子さんの外見が派手になってきたら、それは自己肯定感が下がっている合図。**いつもよりちょっと気にかけて話を聞いたり、一緒にいる時間を増やしたり、スキンシップを意識する時間を取ったりするとよいかもしれません。

23

心と身体の変化、性教育への対応

思春期における自己肯定感を考える場合、子どもだった自分がだんだんと大人になっていくという自覚や、月経が始まるなど身体の急激な変化への戸惑いを抜きにしては語れません。とくに中学に入学したての頃の女の子の成長は、とても著しいものがあります。

入学した頃は小学7年生と言ってもいいほど〝子ども〟だったのが、1年も経つと顔つきからしてすっかり〝大人〟に変化していきます。この過程で、自分の身体に起きた変化に戸惑うのは当然のことでしょう。しかし、中学生後半から高校生になっても、まだ自分の性を受け入れられずに戸惑いを強く感じたままですと、自己肯定感に大きく関わってきます。

また、中学生後半から高校生になり、自らも成長して世間のさまざまな出来事を認識していくと、自分が女性であることに不安を感じる場面もあります。現代にまだしっかり残っている性別役割や、そこで期待される「女性らしさ（性役割同一性）」を不合理と感じる。また職場における差別やセクハラに対する男性の態度に怒りを感じ、自分が女性であることへの葛藤が生まれる。女性に生まれ、女性であるということ自体が、自己肯定感を下げることにつながるケースです。

ここで大切になるのが、親のパートナーや子どもへの接し方です。つまり、一番身近な同性・異性の生き方やあり方が、自分自身のありのままの性を受容し、自己肯定感を高めることにつながっていくのです。

高圧的な父親にいつも母親や子どもが従わされ、母と娘が一体化して父親から身を守らなければならない家庭の場合、女性である母親が否定されているのを毎日目の当たりにすることになります。母親をかばいながらも、同じ「女性」である自分を同一視することを拒否するようになるのです。

女子大学生が高い自己肯定感を保ったまま就職活動できるかどうかは、両親、とくに父親が娘を1人の人間として尊重しているかどうかにかかっていると言われます。つまり、信頼・尊敬できる父親が自分を1人の人間として認めてくれていること、男性である父親が、女性である母親と自分を「女性」としてだけではなく、「人間」として尊重してくれていると実感できることが娘の背中を後押しするのです。

タテの関係ではないヨコの関係が築かれた、情緒的に安定した家庭のあり方が、母親と同じ女性である自分を肯定し、自己肯定感を育むことになると言えるでしょう。

娘さんが性別不合のケースの親の振る舞い

性別不合[※3]とは、性の自己意識と身体の性との不一致のことです。つまり、他人から女性と見られても「自分は男性である」「男性でありたい」と感じ、日常生活でも生まれながらの性とは反対の〝男らしさ〟を求めることです。

これまでは「性同一性障害」と呼ばれ、精神疾患の一つであるとされていましたが、世界保健機関（WHO）によって精神疾患の分類から外され、個人の性の健康に関する状態だとされることになりました。

性別不合は、幼少期から自分の性に何らかの違和感を覚えるケースが多いと言われています。かわいい服を拒否する、男の子と一緒に行動して女の子の集団から距離を置かれる、女の子が好きになって周囲からいじめられるなど、小学生の頃からそんな経験をすることもあります。

さらに、思春期になると変化していく自身の身体への強い嫌悪感や、日常生活の中で自分らしさと正反対の性役割を強いられることで、精神的な苦痛は深刻なものになります。

■ 1 編

【ご購入いただいた書籍名をお書きください】

書名

ご愛読ありがとうございます。

今後の出版の参考にさせていただきたいので、ぜひご意見・ご感想をお聞かせください。

なお、ご感想を広告等、書籍の PR に使わせていただく場合がございます（個人情報は除きま

……………………………該当する項目を○で囲んでください……………………………

◎本書へのご感想をお聞かせください

・内容について	a. とても良い　b. 良い　c. 普通　d. 良くない
・わかりやすさについて	a. とても良い　b. 良い　c. 普通　d. 良くない
・装幀について	a. とても良い　b. 良い　c. 普通　d. 良くない
・定価について	a. 高い　b. ちょうどいい　c. 安い
・本の重さについて	a. 重い　b. ちょうどいい　c. 軽い
・本の大きさについて	a. 大きい　b. ちょうどいい　c. 小さい

◎本書を購入された決め手は何ですか

a. 著者　b. タイトル　c. 値段　d. 内容　e. その他（　　　）

◎本書へのご感想・改善点をお聞かせください

◎本書をお知りになったきっかけをお聞かせください

a. 新聞広告　b. インターネット　c. 店頭（書店名：　　　）
d. 人からすすめられて　e. 著者の SNS　f. 書評　g. セミナー・研修
h. その他（　　　）

◎本書以外で最近お読みになった本を教えてください

◎今後、どのような本をお読みになりたいですか（著者、テーマなど）

ご協力ありがとうございました。

郵 便 は が き

料金受取人払郵便

新宿局承認

1820

差出有効期間
２０２１年９月
30日まで

1 6 3 8 7 9 1

9 9 9

（受取人）

日本郵便 新宿郵便局
郵便私書箱第 330 号

（株）実務教育出版

第一編集部
愛読者係行

フリガナ お名前		年齢　　　歳 性別　　男・女	
ご住所	〒		
電話番号	携帯・自宅・勤務先　　　（　　　　）		
メールアドレス			
ご職業	1. 会社員 2. 経営者 3. 公務員 4. 教員・研究者 5. コンサルタント 6. 学生 7. 主婦 8. 自由業 9. 自営業 10. その他（　　　）		
勤務先・学校名		所属（役職）または学年	
今後、この読書カードにご記載いただいたあなたのメールアドレス宛に実務教育出版からご案内をお送りしてもよろしいでしょうか			はい・いいえ

毎月抽選で５名の方に「図書カード１０００円」プレゼント！

尚、当選発表は商品の発送をもって代えさせていただきますのでご了承ください。

この読者カードは、当社出版物の企画の参考にさせていただくものであり、その目的以外には使用いたしません。

２０１４年の文部科学省による全国調査では、小学校〜高校の性別不合を抱える児童・生徒は少なくとも６０６人いることがわかりましたが、実際にはもっと多いのではないかと考えられています。可能性があるかなと思った場合は、素人判断ではなく、しっかりと専門の医師に判断してもらう必要があります。

女子校では、男性の役割、女性の役割を分けず、みんなで役割を分担して「女性としての自分」ではなく、「人間としての自分」を認めてくれる仲間がいる場合もあります。しかし、一般的には小学生の時に経験したいじめや、まだまだ〝普通ではない〟と嫌悪される世間の反応を考えると、カミングアウトすることができず、追い詰めら

※3 性別不合 世界保健機関（ＷＨＯ）が２０１８年6月18日に公表した「改訂版国際疾病分類」で、これまで「精神・行動・神経発達障害」に分類されていた「性同一性障害」が「性別不合」（Gender Incongruence）と名称変更され、精神疾患でも身体疾患でもない性の健康に関する個人の状態とされた。「性別不合」に厚生労働省による仮訳で、３年ほどかけて正式な和訳が検討される。「改訂版国際疾病分類」は２０１９年5月のＷＨＯ総会で正式決定、２０２２年1月1日に発効する予定。

れていく場合が多いのです。

「女の子としてこうあってほしい」という期待の中で育てられると、そのような自分を家族にも打ち明けることができず、自分とは何だろうかと思い悩み、自己肯定感は極端に下がってしまうのです。

日頃から性別役割を固定的に考えず、子どもからのサインを受け取ったら、周囲がどう言おうと、親である自分はありのままの子どもの思いを否定せず、そのまま受け入れる覚悟が必要であることを理解してください。

性の話を隠すのはムダな努力

家の中で、「性の話・情報はタブー」とされているご家庭も多いかもしれません。性的なシーンのある漫画や小説を、必死で隠している親御さんもいるでしょう。ご家庭で家族一緒にテレビを見ながら、愛を語り合う場面でみんな凍りついたようになり、つばを飲み込む音が周囲に聞こえそうなほど黙り込んだことはありませんか。

しかし、今の子どもたちは非常に多くのリアルな情報を友人だけでなく、あらゆる媒体を通して手に入れています。友達と貸し借りしている少女漫画の中には、親がびっくりするようなシーンもたくさん出てきますし、情報通の友人からもいろいろなことをシェアし尽くしています。

ですから家でどんなにがんばって隠しても、残念ながらそれはムダな努力となってしまいます。むしろそうすることで、「家で性の話はタブー。性に関することは親に隠れて」というメッセージを娘さんに与えてしまうほうが心配です。

思春期の子どもは性の話題に興味がありますから、親に隠れて外で見聞きするようになるわけです。彼氏ができても「家には連れて来られない」となると、隠れて付き合うようになりかねません。思春期に異性を好きになった時、自己肯定感が低いと相手に取り込まれてしまい、自分を見失ってしまうこともあります。

2018年度鷗友学園 入試問題(理科)

1. 動物の誕生のしかたについて、次の各問いに答えなさい。

図１は、ヒトの女性の生殖器《せいしょくき》の模式図です。

図１

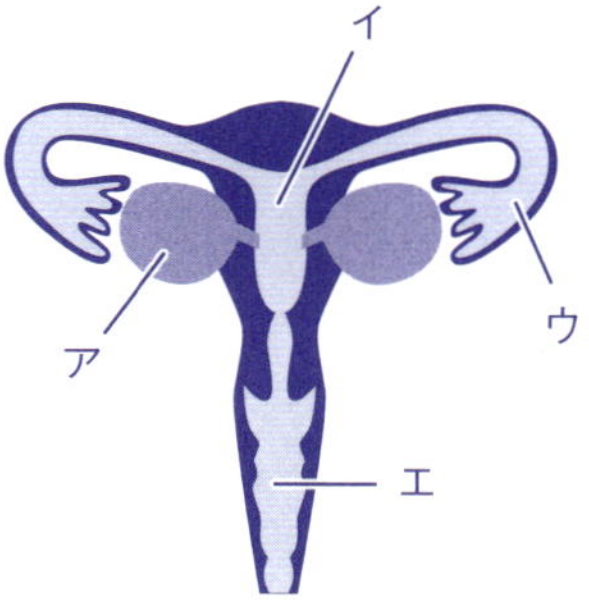

問１　次の①〜③は、図１のア〜エのどの場所を説明したものですか。
　　　ア〜エの中からそれぞれ選び、記号で答えなさい。

①　卵子《らんし》がつくられる。
②　受精が起こる。
③　たい児が成長する。

問２　ヒトのたい児は、誕生するまでの間にどのように変化して
　　　いきますか。次のア〜エを成長する順番に並べなさい。

できれば、親として一度は性の話をきちんとしておくべきでしょう。身体のしくみや男女のあるべき関係についてしっかり話しておくことは、プラスにこそなれ、マイナスになることは決してありません。

そして、ある程度はオープンに話し合える素地をつくっておくべきです。それが娘さんが自分の身体を大切にすることにもつながり、私たち両親もあなたの身体を大切に思っているというメッセージにもなるからです。

右ページに掲載したのは、2018年度の鷗友学園の理科の入試問題です。入試問題には、各学校のメッセージが込められているものですが、これはわが校の一つのメッセージでもあります。

自分の身体のことを自分でしっかりわかっている子。心、頭だけでなく、自分の身体も大切にできる子。自分という存在を知った上で、自身を大切にできる子に入学してもらいたいのです。

24 仲間はずれ、いじめの処世術

小学1年生のいじめの件数が10年前の何倍になっているかご存知でしょうか。10倍です。たった10年の間にこれだけ件数が増えて報告されるようになったのには、「何をもっていじめとするか」の認識が変わったからというのも一つの原因です。

とくにいじめが多く報告されているのは、グラフを見てもわかるように中学1年生です。これを私たちは「中1の危機」と呼んでいます。文化の違う子どもたちが一斉に顔を合わせる中学進学のタイミングで、小学校6年間での安定した関係性が大きく崩れ、価値観の衝突が起こるのです。

学年別いじめの認知件数

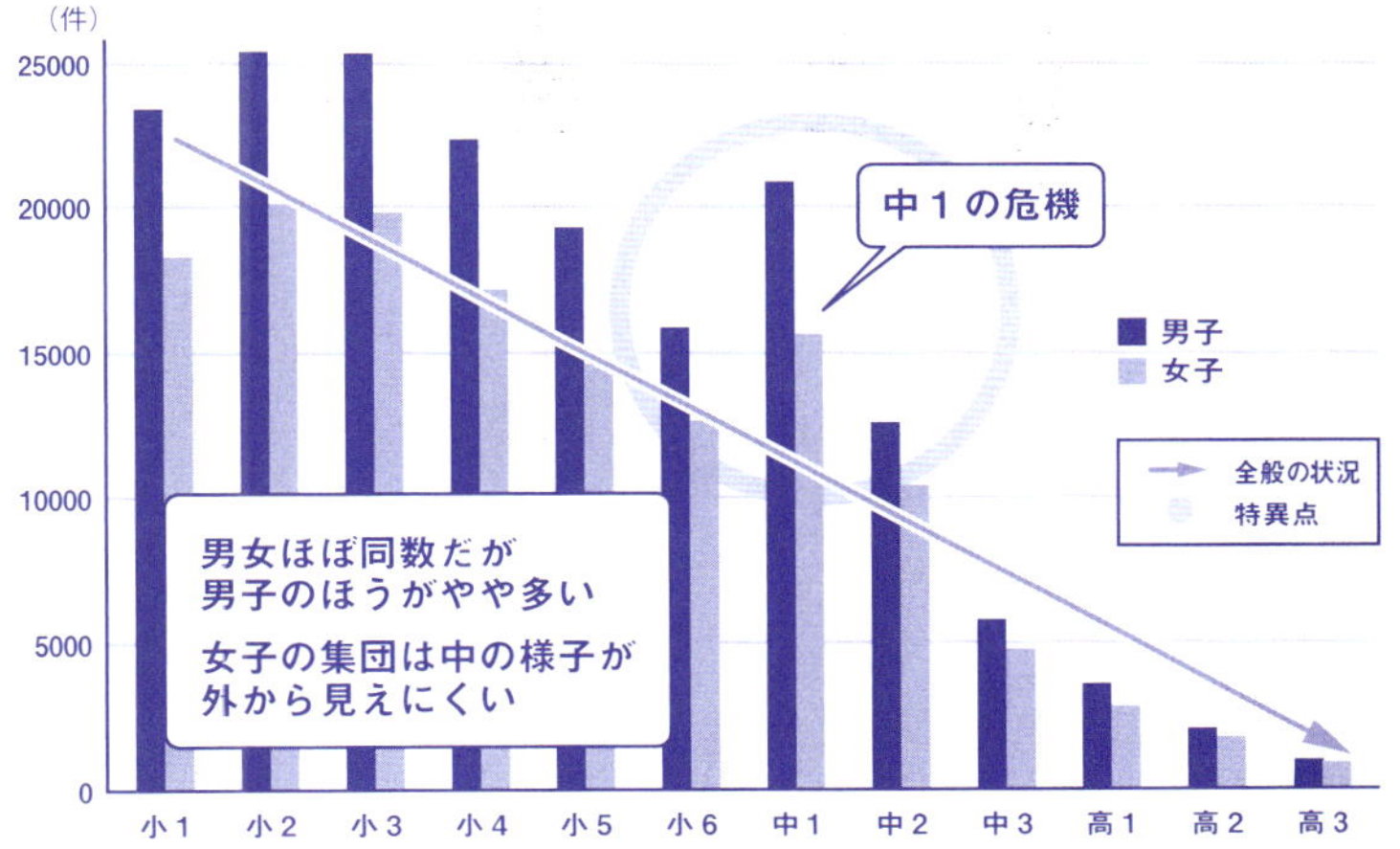

2016 年度文部科学省「児童生徒の問題行動・不登校等生徒指導上の諸問題に関する調査」

このような摩擦が起きるのは当たり前のことで、「これまではこういう位置にいたけれど、環境が変わったからここでは上になりたい」などと強気になる子がいることも原因の一つです。この時に子ども同士でなんとか解決していくことが、その後の成長につながります。

これから先の長い人生の中でも、何度となく新しい価値観を持った人と出会います。この時期にどのように対応していけばいいのか学ぶことができるのは、将来においても大きな助けとなるはずです。

ただ、最近ではこのような摩擦のすべてを「いじめ」として学校に訴えてくることが、残念ながら増えています。いじめ件数の増加の背景には、そんな理由もあるのです。子どもが悲しそうな顔をして帰って来た→友達にきついことを言われた→その子にいじめられている→担任に「いじめた子をなんとかしてください」と訴える、というわけです。

しかし、このような摩擦や衝突は普通に起こることですし、それが中1ならなおさらです。このような初期の摩擦に親が介入すると、結果としてうまくいかないケースが多いのです。子どもたちは自分で解決する機会を奪われてしまいますから、いくつになっても同じようなケースが頻発することになります。

いじめる子＝いじめられる子

Iさんは入学当初、かなり強気な発言をし続け、弱い子には非常に強い口調で当たるなど、いじめっ子的な存在としてクラスに君臨していました。

しかし、数ヶ月過ぎ、あちこちでIさんの弱い部分が露呈《ろてい》されるようになると、それまでいじめられていた子が集団でIさんにきつく当たるようになったのです。Iさんのお母さんが学校に「うちの子がいじめられている」と連絡をしてきたのは、10月も終わりに近づいた頃でした。

中学1年生のケースでよくあるのが、小学校時代にいじめられていた子で自己肯定感が低かった子が、奮起して上に立とうとして起こる摩擦です。中学校という新しい場では、絶対に「下」に行かないと決め、他の子に強い態度に出るようになります。

しかし、他者との関係性をつくることがうまくないために周囲の気持ちが離れていき、結果として一気に形勢が逆転し、いじめられていた子たちが強く出るということが起こります。こうなってくると、誰がいじめる子で、誰がいじめられる子なのか、明確な区別などなくなってしまいます。

とくに中1では、ある程度の摩擦はあるものだと、親も子も覚悟しておくほうがいいでしょう。その上で、子どもがしょんぼりして帰って来たら、「辛いね」と共感する。親が自分を認めてくれれば、学校で多少辛いことがあったとしても、子どもはがんばれるものだからです。

そういう場合に親が最初にすべきは、「うちの子がいじめられている」と学校に連絡はしても、すぐに解決を求めることではありません。「辛いね」と子どもの気持ちに共感することなのです。

辛い気持ちに寄り添って自己解決に導く

もし娘さんが友達関係の悩みを話し始めたら、まずは気持ちを受け止めることが大事です。子どもが「辛いんだ」と言ったら「辛いんだね」と返し、「お母さんも同じ立場だったら辛いと思うよ」と共感します。88ページの反復法です。友達のことで怒っている時も、「こう解決したら」と具体的にアドバイスするよりも、「そんなことがあったんだ。そりゃ怒るよね」と気持ちに寄り添ってあげることで娘さんは安心することができます。

この時に注意すべきは、子どもと一緒になって相手を非難しないことです。子どもが成長していく過程で、人間関係のトラブルは必ずどこかで起きるもので、最終的には子ども自身で解決していかなければなりません。相手にどんな働きかけをすれば関係がよくなるかを、親子で考えていく姿勢を持ちましょう。

娘が自分の悩みを一通り吐き出して落ち着いてきたら、「もしかしたら、その子もストレスを抱えているのかもね」「何か辛いことがあったんじゃないかな？」など、相手の立場を考えさせる言葉をかけましょう。

そして、「どう解決したいと思う？」とたずね、「私が我慢する」と答えたら、「わかった。でも、辛かったら、また話すんだよ」とその場は終わりにします。

もし、「〇〇して解決したい」と答えた場合は、「じゃ、どんな伝え方をすればいいかな」と一緒に考えます。もちろん、すぐに解決できない場合も多いでしょうが、相手の立場も察しながら、自分の立場もきちんと伝え、ともに解決策を考えていくという学びを重ねていきます。70ページのアサーションの方法です。

後日、「今日はどうだった?」と進展を聞くのもいいでしょう。「やっぱり言えなかった…」と落ち込んでいたら深く詮索《せんさく》せず、「そうだよね、難しいよね」と娘の気持ちに寄り添ってあげてください。時には、「ケーキを一緒に食べよう」などと声をかけるなど、一時的にトラブルから気をそらすような工夫をしてみるのもいいでしょう。

大人が出てきた瞬間に、その問題は子どもの手を離れてしまいます。そうすると自分で解決するという経験をする機会は、永遠に失われてしまいます。

子ども同士の摩擦やケンカは当然あるものですから、よほど深刻なものでない限りは、話を聞いて状況を把握しながら共感を示すことで子どもの支えとなる、様子を見ていく、というのが一つの方法ではないでしょうか。

深刻なケースはプロの手を借りる

もちろん、生命《いのち》に関わること、犯罪に当たることに対しては、すぐに私たち大人が出て行く必要があります。とくに小学生の時にいじめられていて、そのトラウマから中学生になっても周囲となじめず、自己肯定感が低いお子さんの場合には、いじめられていると訴えてきた時にすぐに対応しないと、深刻化するケースもあります。

情緒的に不安定になり、何かを思い出して〝怖い〟と抱きついてきたり、眠れない、食べられないなどの症状が続いたりする時には、躊躇《ちゅうちょ》せずに学校とも協力し、保健室やスクールカウンセラー、さらには児童・思春期精神科や心療内科などに相談して解決する道を探してください。

中には、いじめられたことを自分に問題があったと考えたり、そのことには大人に触れてほしくないと考えていたりなど、他人に相談することを嫌がる子もいます。そういう場合には無理に医療機関などを受診せず、まず母親がしっかりと受け止めてあげてください。「いじめられたのはあなたの落ち度ではない。私たちは味方であり、いつも見守っている。側にいるよ」というメッセージを伝え続けることが大切です。

このような場合には、お母さま自身も原因を探して何とかしてやらなければ、いじめている相手を見つけなければなど、不安や怒りを抱えることになります。誰かを責めたくなることもありますが、どうかお母さまも、まずパートナーと問題を共有しながら、先ほど述べたようにぜひ落ち着いて対応していただきたいのです。

学校に行きたくないと言う場合は、無理に行きなさいと言わないでください。「このまま行っていたら自分はダメになる」というお子さんからのメッセージです。ありのままを学校に伝え、担任やスクールカウンセラーなどと相談し、どのように解決していくのが本人にとって一番いいかを一緒に考えていくことが大切です。

これまでにも何度も出てきましたが、**共感は子どもの自己肯定感を支える大きな力です**。まずは親が子どもの気持ちに寄り添うことができれば、たいていの問題は大きくなる前に子どもが自分で解決していくものです。子どもにはその力があります。そして、人間としてひと回りもふた回りも成長できるのは、このような時なのです。

25 上手なスマホの与え方

スマホは、みんなが持っているから、情報格差をつくらないためという理由で、なんとなく買い与えてしまうと、さまざまな危険にさらされることになります。販売会社ともよく話し合い、スマホにフィルターをかけるなど機械的なガードをし、使い方について子どもともしっかり約束をした上で購入する。面倒かもしれませんが、このような手続きが犯罪に巻き込まれないためには絶対に必要です。

家庭でのスマホルール

ご家庭でのルール決めに関しては、鷗友学園がどのような取り組みをしているかをお話しすることが参考になるかと思います。基本的な姿勢は、「ルールを決めた上で、使いこなせるようになる」です。これからの子どもたちは、私たち親世代以上にスマホなどの電子機器を使いこなせなければならない時代に生きていくからです。

中学では持ってくることは許可していますが、学校にいる間は電源を切ってロッカーに入れておきます。中学生の間は、人とできるだけ多く直接的なコミュニケーションを取ること、手書きできちんと論理を組み立てる能力を伸ばすことが大切だと考えています。ですから、コンピュータやiPadを使った授業はありますが、スマホを授業で使うことはありません。また、歩きスマホ、電車でのスマホ利用も禁止としています。これはマナーとして守りましょう、ということです。

高校になると、スマホを含めたiPadその他、生徒が持っているあらゆる機器の持ち込みを認めて、授業でも活用しています。例えば、これまで何か意見を聞く時には、手を上げた1人、2人の意見しか示すことができなかったのが、コンピュータ機器を使った授業ではクラス全体の意見がいっぺんにボードに映し出すことができます。

そうなると、引っ込み思案でなかなか手を上げられなかった子の意見も日の目を見るようになります。アンケート結果などもすぐに集計して表示されるようになりますから、生徒と教師が双方向のやり取りをする授業が容易になるのです。

コンピュータ機器は文房具の一つととらえ、自分が使いやすい機器を持ち込んで、社会のルールやマナーに従って使いこなす。もし、問題が起こったらその場で一緒に考えればいいというスタンスです。

基本的に、ご家庭では制限を設けた上でその枠の中で自由に使わせる、というのがいいのではないでしょうか。フィルタリングは最低限かけておく。Wi-Fi利用の制限を設けておく。

あるご家庭では、母と娘でパケットをシェアしているために、お互いが使いすぎないように注意し合っていると話していました。「親の私も制限の中でやっているのだから、あなたも同じ制限内で使ってね」というのは、子どもも納得しやすいようです。

また、**親の目が届くうちに、少し失敗しておくのはいいことだと考えます**。例えば怪しいサイトからのメールに返信してしまったけれど、お金を払わされる前に食い止めたから大丈夫だった…といったヒヤッとする経験をしておくことも、将来の大きな失敗を防ぐことにつながります。

闇雲に禁止するのでも、完全に自由にさせるのでもない。制限を設けた自由を持たせつつ見守るのが、今の思春期のお子さんとスマホとの付き合い方だと思います。

SNSとの適度な付き合い方

スマホのSNSアプリには、さまざまなものがあります。これまでは、「Twitter（ツイッター）やFacebook（フェイスブック）が人気でしたが、最近の中高生の間で利用者が最も多いのはLINE（ライン）でしょう。また、〝インスタ映え〟という言葉が流行ったように、写真を投稿するInstagram（インスタグラム）も人気です。

どのアプリを使うにせよ、設定はきちんとさせましょう。例えば、自分のスマホに登録しているすべての電話番号を「自動で友達に追加」して、自分の番号を知られたくない相手に知られてしまったり、個人情報を第三者に見られてしまったりというトラブルに巻き込まれることがあります。プロフィールはなるべく書かない、書いたら許可した相手にしか見られないようにブロックします。

また、写真を投稿する場合は、自分だけではなく、一緒に写っている人のプライバシーにも配慮させましょう。顔がわかったり、指紋が読み取れたりする投稿もやめさせます。内輪のグループ内でのやりとりでも、設定を間違えるなどして思わぬところから漏れ、メッセージや写真がネット上で拡散してしまうこともあるからです。

先ほども触れたように、鷗友学園の中学生は学校でスマホを使わないと決まっています。グループ機能を使うとクラブの一斉連絡などには便利ですが、お互いの表情やニュアンスがわからないため、トラブルが起きることもあります。少なくとも中学生の段階では、直接相手の目や表情を見ながら、きちんと口頭でコミュニケーションをとってほしいのです。相手と気持ちがしっかり通じるようになれば、文字と絵文字だけでも意思がきちんと伝わるようになるでしょう。

スマホでやりとりするメッセージは、リアルタイムで伝えたいために短く、独特の省略された単語が使われます。こちらの意図が相手に十分に伝わらずに誤解を生じやすく、言い争いやいじめの原因になることもあります。例えば、「○○、あげようか」に対して「いいよ」と返事すると、「いる」「いらない」のどちらの意味にも取れます。子どもたちは、イントネーションや表情がわからない、文字だけのコミュニケーションには落とし穴があることを、使っていくうちに少しずつ理解をしていくのです。

顔が見えないコミュニケーションの場合、自分の都合で発信しても、なかなか相手から返事が来なくてイライラすることがあります。とくに「既読」機能付きアプリでは、読んだのにすぐ返信をしなかっただけで、仲間はずれにされたという話もよく聞きます。すぐ返事できるようにと、食事の時にも入浴中にも、また勉強しながらもスマホを手放すことができない依存状態の中高生が多くなっています。親としては、食事中はスマホをいったん置くようにさせ、事故の危険がある歩きスマホはやめさせましょう。

リビングでスマホをいじっている間は安心？

こちらの話をいい加減に聞きながらスマホをいじっている子どもに対して、イライラしてしまう親御さんも多いようですが、私はどちらかというと、親の目の前でやっているのは、むしろ悪いことではないと思っています。**親に知られたくないことをしている子は、親の前ではスマホをいじらなくなります。**

ゲームや音楽のダウンロードのしすぎで高額請求されたり、架空請求詐欺などの犯罪に巻き込まれたりという場合、なんとか自分だけで解決しようと深みにはまっていくケースがあります。そういう場合、すぐに親、警察や専門家に相談することが大切です。まして、有害サイトにアクセスして脅迫されたり、ネットで知り合った見ず知らずの人と会ってトラブルになったりということは絶対に避けたいものです。

ですから食卓やリビングでスマホをいじらなくなったら、むしろ何か秘密にしたいことがあるのではないかと考えたほうがいいでしょう。

スマホを買い与える時期について、よく質問されるのですが、それこそご家庭の中で話し合うべき問題です。娘として、母・父としての意見を出し合い、お互い納得した上で約束がキチッとできた時に購入すればよいでしょう。

さまざまな認証がスマホで行われるようになると、スマホなしで滞りなく生活を送るのが難しくなります。そのような時代に生きる子どもにとって、スマホの危険性を知った上で、使い方を身につけることは大切なことなのです。

26

過度な期待、過干渉に気をつける

子どもは期待通りには育ちません。そう言い切ってしまうと、がっかりされる方も多いかもしれませんが、もちろんいいほうに裏切られることもあります。親が思っていた以上に成長してくれることもあるのです。

娘さんに期待してしまうのは親として仕方のないことですが、それがお子さんの大きな負担になってしまうことが多くあります。**女の子というのは、そもそも「親の期待に応えたい」という気持ちを幼い頃から持っているものですから、期待をかけないくらいがちょうどいいのです。**

しかし、親はついがんばらせすぎてしまう。娘さんの自己肯定感が高く、それでもドンドンがんばれるのであればいいのですが、自己肯定感が下がっている場合は、「もうこれ以上はがんばれない」と心が折れてしまう可能性もあります。摂食障害や不登校になる背景には、親の過度な期待とそれに伴う過干渉があることが多いのです。

反抗期は親への裏切り…？

反抗期を「期待に対する裏切り」ととらえてしまう親御さんもいます。反抗期は成長の過程で誰もが通る道ですから、それ自体に「親を裏切っている」という意味合いはありません。

しかし、期待が高すぎると、自分に反抗する娘に「うちの子がおかしくなっちゃった」と感じてしまう親御さんもいます。このような親御さんは「うちの子に限って、反抗期があるはずがない」「言うことを聞かなくなったのは学校のせいだ、悪い友達のせいだ」などと強く思い込みがちなのですが、そんなはずはありません。

むしろ、反抗期がない子のほうが心配です。溜め込んでいたものが、大人になってから一気に噴出することがあるからです。ですから、**「くそばばあ」と言われたら、「ついに反抗期が来た！」と娘の成長を認める。喜ぶことはできないかもしれませんが、受け入れることはできるはずです。**

もちろん、きついことを言われたら親だって人間ですから辛くなります。そんな時には、〝Iメッセージ〟で感情を伝えます。「そんなこと言われたら、お母さんは悲しい」といった感じです。「〜しなさい」「〜をやめなさい」と相手に命令するのではなく、〝私のメッセージ〟として言いたいことをしっかり伝えるといいでしょう。

27 できる姉や妹、手のかかる弟がいる娘の接し方

自分と娘を比べてはいけないというお話をしましたが、それと同じくらい比較してはいけないのが〝きょうだい〟です。

優秀なきょうだいがいると、親はその子を〝基準〟としてしまいがちです。そして、娘に対しては「どうしてあなたはできないの？」となってしまうのです。とくに同性だと、つい比べてしまうので注意が必要です。

「お姉さんはできるのに」と言われても、それは本人の責任ではありません。「お姉ちゃんはお姉ちゃん、私は私」と本人が思っているうちはいいのですが、いつもいつも言われていると、お母さんはお姉ちゃんのことしか見ていない、私のことを私とし

て見てくれない、認めてくれていない、私なんか愛してくれていない、と思い始めてしまいます。

みんなお母さんの子どもですが、1人ひとりの人格は別であることを忘れないでください。本人ができないのではなく、お姉さんができるのです。それぞれ長所も短所もあります。勉強ができる、できないだけではなく、その子のできることを見つけ、その子を1人の人格としてしっかり認め、褒めてやってください。

また、手のかかる弟がいる場合も注意が必要です。母親が弟にかかりきりになって、娘に注意を向けることを忘れてしまう場合が多いからです。

きょうだいを支える娘には感謝の言葉を

このようなきょうだいを持つ子が選びやすい家庭内ポジションがあります。それは、一歩引いて母親がお気に入りのきょうだいを支える、というもの。

なぜそのようなことをするのでしょうか。それは「お母さんを喜ばせたい、そのことによってお母さんに認めてもらいたい」という気持ちが働くからです。

やさしい子になると、「お母さんは弟のお世話で大変だから、私が手伝ってあげないと」と思い、母親に代わって家事全般を担当したりします。母親がそのことに感謝しているうちはいいのですが、いつしか娘が家事をするのが当たり前になり、しないと不満を言うようになると、娘さんの自己肯定感は著しく下がってしまいます。

ストレスをすごく溜めていることも多く、最終的には不登校や拒食症などの形でSOSを出さざるを得ないところまで追い込まれてしまう子もいます。

親がすぐできることは、せめて子どもに感謝の言葉をかけることです。たとえ娘が一歩引いて、他の家族を支えていたとしても、感謝の言葉があれば「私は家族を支えている。力になっている」という気持ちを持ち、自己肯定感を保つことができるものです。

親が子どもに伝える、何気ない「ありがとう」「ご苦労様」といった言葉は、私たちが思う以上に重要なのです。

28 親から間違ったメッセージを発しない

ごくまれにですが、鷗友学園でもカンニングや答案改竄《かいざん》といったことが起こります。頭では許されないことだとわかっていても、点数が取れないと家に帰って叱られる、点数が取れないことは悪いことだ、という思い込みがそうさせてしまうのです。

ほとんどの親御さんは「うちの子がカンニングなどするはずがない」と思っていますが、絶対にないとは言い切れません。ただ、私はその子自身が悪いというよりも、家での「枠組み」、価値観の設定に問題があるのではないかと感じています。実際にカンニングをした子は、「点数第一主義」とでも呼ぶべき教育方針のご家庭が多いからです。

『万引き家族』の価値観

親が子どもに万引きさせる家族を題材とした、是枝裕和監督の映画『万引き家族』。作品の素晴らしさは別として、子どもに万引きさせるなんてとんでもないと思うでしょうが、点数第一主義も似たような枠組みだと言えます。

『万引き家族』の中での「善」は、うまく盗むこと。子は親に認めてもらうために、盗みを働くわけです。社会的に認められることではなくとも、親が褒めてくれるのだから、それでいいと思ってしまうのですね。

「医者一家なのだから、おまえも医者になれ」と育てられてきた子にとっては、医者になることだけが「善」ですから、そのためにはあらゆることが許されると思い込んでいる場合があります。カンニングは、そのような中で起こりがちです。社会的には認められなくても、いい点数さえ取れば親が認めてくれる。親に褒められたくて、親に見捨てられるのが怖くて、カンニングをしてしまうのです。

親に相当な圧力で押さえつけられている子は、無意識でカンニングをしてしまうこともあります。カンニングをした子にその時のことを聞いても「覚えていない」と言い、意識が飛んでしまっているケースさえあるのです。このような無意識の行動がエスカレートしてしまうと、二重人格の症状が現れるなど専門家に頼らなければならなくなってしまいます。

子どもがカンニングをしても責めない

もし、お子さんがカンニングをした場合、まずはお子さんを責めないことです。「とんでもなく悪いことをした」「そんな悪い子に育てた覚えはない」などと悲観する必要もありません。

よくあるのが、厳しく罰せられたら困ると考え、「うちの子に限って、カンニングなどするはずがない！」と話し合い自体に背を向けてしまうパターンです。事実を認めるところからスタートしないと、解決はおぼつかなくなってしまいます。

娘さんがカンニングをしたなどという場合は、お子さんを責めるのではなく、ちょっと冷静になって、自分たちが間違ったメッセージを発していなかったかを振り返ってみてください。「点数が取れていれば万事ＯＫ」という枠組みの中で、子育てをしてきていなかったでしょうか。娘さんに、「点数がすべて」というメッセージが暗に伝わっていたのかもしれません。

このように考えると、ある意味、カンニングは親が間違ったメッセージを発していたことを示す一つの材料と言えそうです。そうであるならば、もう一度わが家の子育てを振り返るいい機会にしましょう。「今のあなたのままでいいんだよ」というメッセージを受けている子は、カンニングなどしなくてすむのです。

29 娘と張り合わない

仲良しだった母と娘の仲が、急に冷めてしまうことがあります。こういったケースでは、母が娘をライバル視し始めることに起因することが多いようです。28ページの「擬似姉妹」の話にも通じることですが、娘はだんだんとキレイになり、自由を謳歌し始めます。一方の母はちょっと衰えが見えてくる。このような関係の中で、母親が無意識のうちに、娘の幸せを阻もうとしてしまうのです。

「キレイになったね」ではなく、「あまり派手なお化粧はよくないんじゃない」と言ってしまう。「彼氏ができてよかったね」ではなく、「あんな人で大丈夫なの？」と言ってしまう。無意識にせよ、娘が自立して幸せになっていくのが許せない、表面的には心配しているように見せながら、深層心理では娘に対して対抗しようとし、焦り、妬む自分がいるのです。

また「あなたに辛い思いをさせたくないから」と言って、お子さんのチャレンジをことごとく阻むという形をとることもあります。これは、暗に「あなたは私なしでは何もできない」というメッセージを娘さんに送っていることになります。

母親自身のケアが必要

これまで何度もお話ししてきたように、女の子は「母の期待に応えたい」とずっと思って育ってきていますから、母親のこのような態度にも敏感に反応します。「私は幸せにはなれないんだ」と思い込み、あえて不幸な道を選ぶ子も出てくるのです。

このような場合に必要なのは、母親自身のケアです。自分1人で背負わなくてはとか、責任を取らなくてはと思わないことです。周りに訴えを聞いてくれる人、受け止めてくれる人がいませんか。パートナーや友人でもいいですし、カウンセラーでもいいでしょう。思い切って誰かに相談し、頼ってみませんか。あるいは、今の自分の状態を冷静に一つひとつ書き出しながら、客観的に自分を見つめ直すというところから始めるという手もあります。

娘から上手に距離をとり、自分自身の道を進むためには、まず母親がありのままの自分の気持ちに気づくことが大切です。「自分は強いと思っていたけれど、こんなに弱い部分もある」「こういうつもりで娘と接していたけれど、実はこういうふうに娘には受け取られていたのか」など、母親が自分のモヤモヤを吐き出す場、冷静になって客観的に見つめ直す場が必要なのです。

30

「臭い」「汚い」「嫌い」と父親を避ける娘との接し方

お父さん方の悩みにも答えておきましょう。お父さんたちが辛く感じるのは、大好きな娘さんに「臭い」「汚い」「嫌い」など、冷たい言葉を投げかけられることです。ただ、これは娘さんにとっては仕方のないことなのです。

娘と父親というのは、思春期に親子間に性的障壁をつくっておかなければなりません。大好きなお父さんを自分から遠ざけるためには、娘側にも理由が必要です。それが、先の「臭い」「汚い」「嫌い」などの言葉となって現れてくるのです。**このような言葉が出てきたら、「大人になった」と認めることが大切です。**

いずれ、自然に感謝の言葉を口に出せるようになります。そのような時には意地を張らずに、「これまで無視したような態度でごめんね」という言葉を素直に受け止めましょう。

避けられても声をかけ続ける

避けられるからといって、父親自身が関わるのをやめてしまうと、娘は「お父さんは私のことを否定した、嫌いなんだ、認めてくれてない」などと感じてしまいます。ですから、声かけを続けることはとても大事です。

先にお話しした、**「Iメッセージ」を使って「お前のことを認めているよ」「大切に思っているよ」ということを、絶えず発信していかなければなりません**。拒否されながらも声をかけ続けるというのは、なかなか大変なことですが、ここはぜひがんばっていただきたいと思います。

注意したいのは、つい発してしまう上から目線のメッセージです。会社の部下に話すような口調で指示したり、注意したりする父親がまだまだ多くいらっしゃいます。学校説明会などでこの話をすると、「ほら、あなたのことよ」とお父さんをつついているお母さんの姿をよく見かけます。お父さんには、お母さん以上に娘とヨコの関係になろうと努力していただくことが必要のようです。

娘から拒否されると、発する言葉もつい強くなってしまいがちですが、そこをぐっと抑えて「Ｉメッセージ」を意識して関わり続けましょう。

31 学校の先生との付き合い方を間違えない

学校の先生との付き合い方についても注意が必要です。なぜなら、この付き合い方を間違えると、間接的に娘さんの学校生活にマイナスの影響が及ぶからです。

よくあるのが、お子さんによる「あの先生は教え方がヘタ」などの悪口に乗っかって、先生の悪口を子どもの前で一緒に言ってしまう、「あの先生、なんか感じ悪いわね」などのあまり好ましくない感想を娘に言ってしまうことです。

親御さんにとっては、単なる感想かもしれませんが、娘さんはその先生と1日のかなり長い時間を一緒に過ごさなければなりません。**お母さんの「イヤだ」という感情**

は、お子さんに大きな影響を与えますから、あるいは親御さんの気持ちに輪をかけてその先生を嫌いになります。娘さんもきっと同じように、

すると学校に行くのがイヤになったり、その先生の教科の成績が下がったりしてしまうのです。これでは、子どもにとっても親にとっても何もいいことはありません。

子どものいいところを見つけるように、できれば先生のいいところも見つけてあげてください。もし、お子さんが「あの先生、イヤなんだよね」と言っても、「そうなんだ。でも、こんな面があるよ」というふうに言えるといいですね。

実際に、中高生の先生に対する意識はコロッと変わることも多くあります。厳しく叱ってばかりなのは自分たちのことを真剣に考えてくれていたから、というように最初は嫌っていても何かをきっかけに大好きな先生に変わったりすることもあります。お子さんの「あの先生、嫌い」発言にも、あまり同調しすぎないようにしたいものです。

子どもの先生批判を鵜呑みにしない

思春期の不安定なお子さんは、「自分が辛い」と示すことで、親が「自分のために動いてくれるかどうか」を試そうとすることがあります。

Ｊさんのお母さんが「担任を変えてほしい」と学校に連絡してきたのは、娘であるＪさんの訴えが発端でした。「担任の先生が特定の子を贔屓している」というのが理由です。「替えてくれなければ、署名運動をしますから」とまでおっしゃいました。

担任に話を聞くと、Ｊさんが選挙で学級委員になれなかったのが原因ではないか、そこからクラスに対して心を閉ざしてしまった様子が伺える、とのことでした。

お子さんが親御さんに訴えていることと、現場で起きていることには、このように食い違いがある場合があります。Ｊさん自身には、本当に信頼していた担任の先生が自分のことを無視して他の子を贔屓しているように見えているのかもしれません。

しかし、親としては少し客観的な視点で問題を見るように努力していただけるといいのではないかと思います。お子さんの訴えを無視する必要はありません。「そうなんだ。大変だね」と言って、娘さんの訴えをまず受け入れることは大切です。

その一方で、**学校には「娘がこう言っているが、何か原因があるのだろうか？　どのように娘と接すればいいだろうか？」などとアドバイスを求める**ような形がいいと思います。

一番よくないのは、「あの先生を辞めさせてくれ」などと強い要望を出して、先生や学校側と最初から対立姿勢になることです。先生側がなんとかその問題を解決したいと思っても、最初から対決するような姿勢では、一緒に問題解決に当たることは難しくなります。大切なのは、自分の娘だけでなく先生にも共感の姿勢を示して、一緒に問題を解決することなのです。

全員がシンデレラの学芸会が生まれる理由

最近多いなと感じているのが、「うちの子を試合に出してください」といった訴えです。「あんなにがんばっているのだから、祖母が見に来る今度の試合は絶対に出してほしい」などと連絡が来ると教師は困ります。

確かに、親からすれば娘さんは一生懸命がんばっているのかもしれませんが、実はそれ以上にがんばっているお子さんがいるものなのです。週に2回部活に来る子と毎日来る子。どちらを試合に出すかと言えば、他に理由がない限りやはり後者になります。

みんなで手をつないでゴールする徒競走、全員がシンデレラの学芸会。そんなことが行われているのは、このような自分の子どもしか見えていない親御さんからの〝注文〟が背景にあるのです。

サッカーのワールドカップでも、高校野球でも、陽のあたるところで活躍する選手もいれば、一度も試合に出ることなく帰る選手もいます。しかし、チームが強い時には、練習から中心選手をフルサポートするサブの選手がいて、試合になるとフィールドとベンチが一体となって盛り上がります。表舞台で活躍する選手を裏で支え、ともに戦うサポート役がいるからこそ、チームとして活躍することができるのです。

社会に出ても、いつも自分が中心になれるわけではありません。この場では自分はサポート役であり、フォロワーとしてリーダーに協力して、全体がうまくいくように活動する。

でも、自分が活躍できる場はここだけではない。他のことで周りを引っ張れる場があるのだから、それが成功するようにみんなと一緒にがんばるという気持ちを養ってほしいのです。

お祖母さまにも、そのような役割を背負い、ベンチで大きな声を出しているお子さんの姿を、「ほら、あんなにチームのためにがんばっていますよ」と話してください。

過剰な要求をすることで、子どもの成長の機会をみすみす奪うことがないようにしたいものです。

32 親子共依存から抜け出す方法

親子の間がマイナス感情で満たされている場合、誰か他の人を攻撃することで安定的な関係を保とうとすることがあります。その対象が、たまたま学校の先生になるということもあります。

子どもは自分の訴えを親が聞いて動いてくれるかどうかを試し、親は子どもの要望通りに動くことで娘に対する自分の立場を安定させる。こうなると、一つ問題が解決しても、次から次へと同じような問題が出てきます。親子関係を保つために、周囲に敵をつくり、２人で攻撃をするという形が繰り返されるのです。

共依存の解決法

これは、30ページでも述べたある種の共依存状態と言えます。ここから抜け出すためには、まず母親が時間をかけて「ありのままの自分」を取り戻すことです。

以下、具体的な解決法を見ていきましょう。

共依存の人は、それを認めてしまうと相手のためにがんばっている自分を否定することになるため、多少苦しくてもなかなか自分の状態を認めることができません。無意識のうちの行動を変えるには、「一緒にいると辛い、でも一緒にいるべきだ」「離れたほうがいい、でも離れるのが怖い」などと自分の心の内を言葉にして、客観的に見つめて認めることが出発点です。

共依存と認めることができたら、次は「今の状態を変えなければ」という気持ちをしっかりと持ち、自分の行動に疑問を投げかけてください。娘のためにと思ってやってきたけれど、お互いにとって悪い状況になるのであれば、やめたほうがいいのではないかと意識的に考えるのです。

辛いこともあるかもしれません。自分が変わっても相手は変わらないかもしれません。でも、「自分だけでも、まず変わるのだ」という強い意志を持ってください。娘さんを変えてやろうとするのではなく、まず自分が変わることによって、相手との共依存関係も少しずつ変わっていきます。

自分が変わろうと決意したら、次は行動を変えていきます。

例えば、子どもが「宿題が終わらない」と泣いても、親が手を貸して解決することは娘さんのためになりません。宿題を終わらせられなかったことで起こる、さまざまな事態に直面させたほうが今後の子どものためになります。

親が手を貸して解決してしまうと、娘さんはいつまでも努力せず、同じことを繰り返します。何とかしてあげなくてはと、衝動的に動くことをやめましょう。宿題ができなくて学校に行けなくなっても感情に流されずに深呼吸した上で、しっかりと自分自身でどうすべきか考えて行動しましょう。これも娘さんが変わっていく第一歩と、泰然と構えてください。

また、「もうさぼらないでね」という禁止令や、「これからはちゃんとしてね」というプレッシャーも子どもの自由を奪い、自立を妨げることにつながります。相手の自立を妨げる言動を、無意識のうちにしている可能性があることに気づきましょう。

共依存の人は、他人の目が気になる人が多いと言われます。「この子がおかしなことをしたら子育て失敗の責任を取らされる」「失敗したと思われたくない」という不安や恐怖があるのです。このような場合には、「私」を主語にして自分自身に責任を持つ表現を心がけましょう。93ページでも説明したIメッセージを応用して、メッセージを自分に投げかけるのです。

〇〇さんは××と考えている、私もそう思う

↓私は××と考える

普通は〇〇はしたくないと思うよね、だから私もやらない

↓私は〇〇をしたくないからやらない

みんな〇〇やっているから、この子にもさせなくては

↓私はこの子に〇〇をさせたい

もちろん、このようなステップを一つひとつ自分で自分をコントロールしながら、やり通すことができれば問題解決は早いのですが、なかなかうまくいかないケースのほうが多いのが現実です。そのような場合には、ぜひ信頼できるカウンセラーを見つけて相談してみてください。まず、話を聞いてもらい、自分の気持ちの整理から始めるとよいでしょう。

CHAPTER 5
自分で「自己肯定感」を獲得する女の子の育て方

33 女子教育に最適な「学習者中心主義」

私たちが鷗友学園の中で、自己肯定感を上げる取り組みをしてきたのには、本校の成り立ちが関係しています。鷗友学園は女子教育の先駆者で、東京府立第一高等女学校（現在の東京都立白鷗高等学校・附属中学校）の校長だった市川源三によって、その基礎が築かれました。市川は日本に「学習者中心主義」を紹介した最初の人物です。

学習者中心主義とは、進歩主義教育の父と言われたフランシス・ウェイランド・パーカーによって始められた、「神・法のもとでの平等」の精神に基づいた子どもが学びの中心となる教育のことです。

1900年、パーカーの著書を市川が翻訳した頃の日本は女性の地位が低く、優秀であっても活躍の場がありませんでした。市川は女性に教育を施し、社会の中で活躍する自立した人材を育てるための学校として、鷗友学園をつくり上げたのです。

そのため、鷗友学園は当初からいくつかの小学校で行われていた「学習者中心」の教育を中等教育（現在の中学校、高等学校）の中で行おうとしてきました。

つまり、**生徒同士がお互いに意見を出し合いながら問題を発見し、一緒に解決していく授業を取り入れてきました。これは、今で言う「アクティブラーニング」と同じ方向を目指すものです。**

ほとんどの学校で長い間行われてきた、「知識を持っている教師が教科の枠の中で生徒に一方的に教え込む」教育の表面的形式は守りながらも、21世紀の日本がこれから目指そうとしている教育を、市川は１００年以上も前から実践しようとしたのです。

教師と生徒が上下の関係にあるのではなく、生徒を中心とした教育は、学力のみならず子どもの自己肯定感を育むことになります。私たち教師が生徒の自己肯定感と向き合ってきたのは、この学校のスタート時からと言ってもいいでしょう。それだけ鷗友学園の教育とその中での自己肯定感に対する取り組みには、深い歴史があるのです。

アクティブラーニングを成立させるためには

急ピッチで各学校が導入を進めているアクティブラーニングですが、これを成立させるのはとても難しいと感じています。なぜならアクティブラーニングを本当に実現させるためには、生徒1人ひとりがしっかり前もって基礎的な知識を身につけ、相手の人格を否定することなく、また単に同調することなく、対等に意見を交わすことができる集団の中で、自分の意見をしっかり発言できなければならないからです。

これまで一方的に知識を受け取って暗記する授業を受けていた子どもたちに、いきなり求めるのはかなりハードルが高いと思います。そのため、形態はアクティブラーニングでも、先生はアクティブに動くが生徒は受け身のままだとか、生徒に知識がないまま感覚的に感想を述べ合っているだけだとか、数人の生徒が意見を交わしているのをボーッと聞いている生徒がレポートだけはちゃんと書いて点数を稼いでいる、などといった問題点も挙げられています。

私たちが行っている女子教育は、「対等なヨコの関係の中で、お互いの人格を尊重しながら意見を出し合い、みんなをまとめていく」という方法を取っています。これはヨコのつながりを常に意識してしまう女子にとって、最適な方法だと考えるからです。

もしかするとアクティブラーニングが主流となる教育では、このようなみんなで意見を出し合えるようなヨコのつながりを強化することが助けになるのかもしれません。

34

親から与えられた自己肯定感をリセットする

中学から高校への成長過程で、子どもたちは大きな壁に突き当たります。**これまでの自己肯定感をいったんリセットし、新しい自己肯定感を自分で獲得しなければならない**からです。

「勉強ができる」ことが自己肯定感のベースとなっていたKさん。親からも「Kちゃんは勉強ができるから」「あなたは勉強好きだからね」と言われてきました。そして、希望通り第一志望の女子校に合格。楽しい中学校生活のスタートとなりました。

ただ、中学校には自分より優秀な人が山ほどいるものです。成績もこれまでと違って中の下で、がんばってもなかなかいい点数を獲得できません。「勉強ができる」という、これまで親が与えてくれた枠組みの中での価値観では、自分を支えきれなくなってしまったのです。

この時期、多くの子が親に与えられた自己肯定感から、独自の自己肯定感を獲得しなければならない局面に遭遇します。親から与えられた自己肯定感をいったんリセットできればいいのですが、それができないとKさんが苦しんだように、与えられた古い枠の中で押しつぶされてしまいかねません。

思春期の女子をデータで見ると

この時期のKさんがどのような状態にあるか、データで見てみましょう。

次ページに示したのは、96年から98年にかけてベネッセが鷗友学園で調査した「独自性と社会性」に関するデータです。

まず、多くの調査項目の中から、「自己肯定感」など自分に自信があるかないかに

自己同一性のタイプ

「社会性と独自性」に関するデータ（ベネッセ＋鷗友学園）

関する項目をまとめて「独自性」とし、他者との関係性をつくれるかどうかに関する項目をまとめて「社会性」とします。この2項目をヨコ軸、タテ軸にしてグラフをつくり、独自性と社会性の平均的なところで、それぞれ分割して全体を四つのタイプに分けます。

右上のタイプは自分に自信があり、他者との関係性もつくれる「達成型」というグループです。

左上のタイプは自分に自信がないが、他者との関係性はつくれる「社会型」というグループです。

右下のタイプは自分に自信があるが、他者との関係性はつくれない「自我型」というグループです。

左下のタイプは自分に自信がなく、他者との関係性もつくれない「途上型」というグループです。

中1から高3にかけて大きくタイプは変化する

これらのタイプは固定的なものではなく、成長につれて変化していきます。それぞれの学年の全体の平均値を取ったグラフが次ページです。

中学受験を突破して入学してきた子どもたちですから、「独自性」も「社会性」もとても高い。ここからも、親や塾の指示通りにがんばってきたことが伺えます。

そして、中学校生活の間に、ちょうどKさんのように与えられた自己肯定感に苦しむようになり、周囲の言うことを素直に聞けない時期がやってきます。中1から中3の間で、「独自性」も「社会性」も下がっているのはそのためです。

「社会性と独自性」の変化

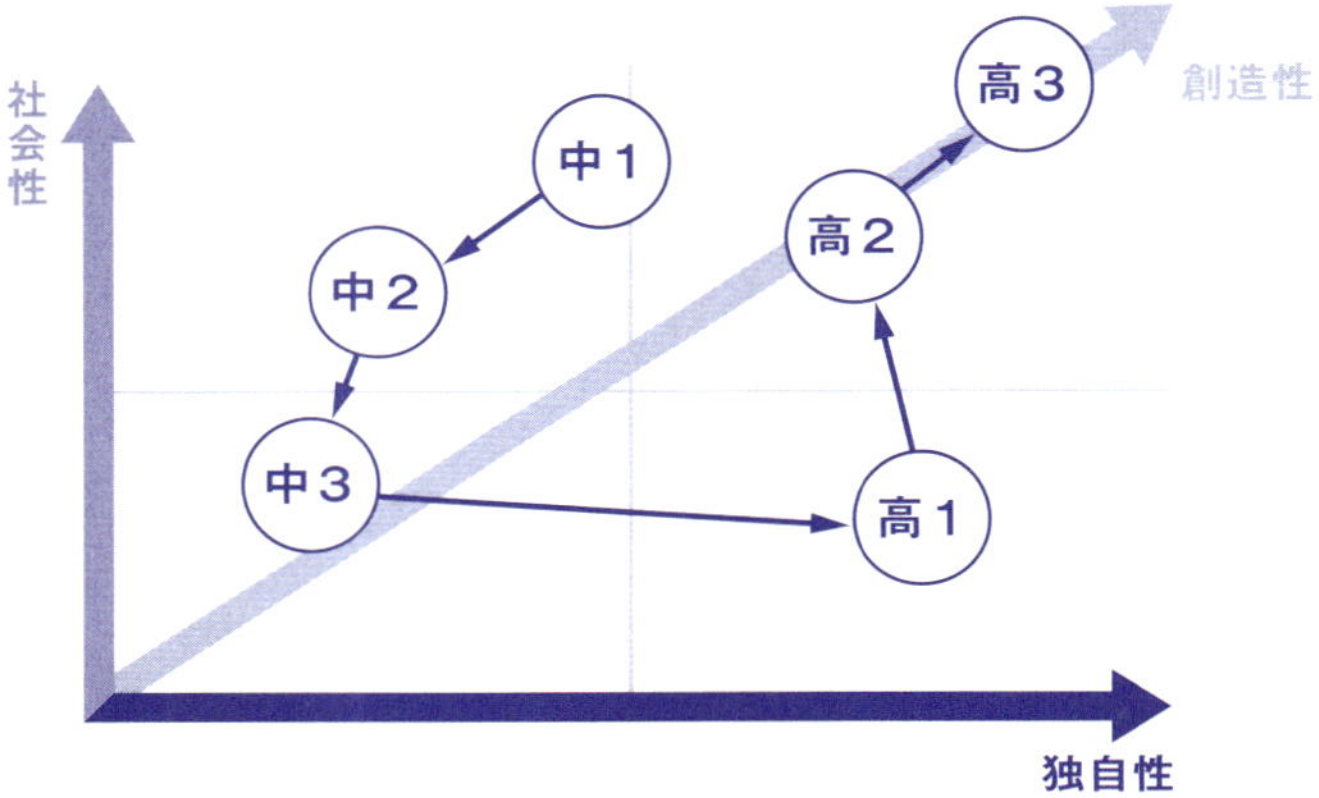

「社会性と独自性」に関するデータ(ベネッセ+鷗友学園)

しかし、高校1年くらいになると、なんとなく自分のすべきことが見えてくるため、独自性が一気に上がっていきます。勉強に力を入れる子もいれば、部活や文化祭をがんばる子もいる。

そのような中で学年が上がるにつれてリーダーシップを発揮するようになると、「社会性」も伸びてくる。高校3年生の頃には、「独自性」と「社会性」を兼ね備え、創造的に活動できる生徒に成長しているということが、この調査からわかってきたことです。

次に、中学3年生のデータをタイプ

別に少しくわしく見てみましょう。ここでは「自己肯定感」の他に、「対処性」と「ストレス」を取り上げました。「対処性」とは、何かをやらなければならない時には逃げずに、段取りをつけながら積極的に対処しようとする力、やらなければいけないことは嫌なことでもやることができる力のことです。

自分も相手も認めることができる「達成型」の子をグラフで見ていくと、自己肯定感が高いだけでなく、「対処性」も高いことがわかります。自己肯定感が高く、「対処性」も高い子は、自分の好きなことだけではなく、しなければならないことをきちんとこなしていきます。いろいろできる自分を知っているので、「ストレス」も四つのタイプの中で一番低くなっています。

その対極にあるのが「途上型」の子です。自分も相手も認めることができないこのタイプにいる子は、自身も「社会性」がないため、孤立しがち。たむろして「めんどくさい」「かったるい」と言っているような子が該当します。自分は社会に受け入れ

タイプ別中学3年生の自己概念

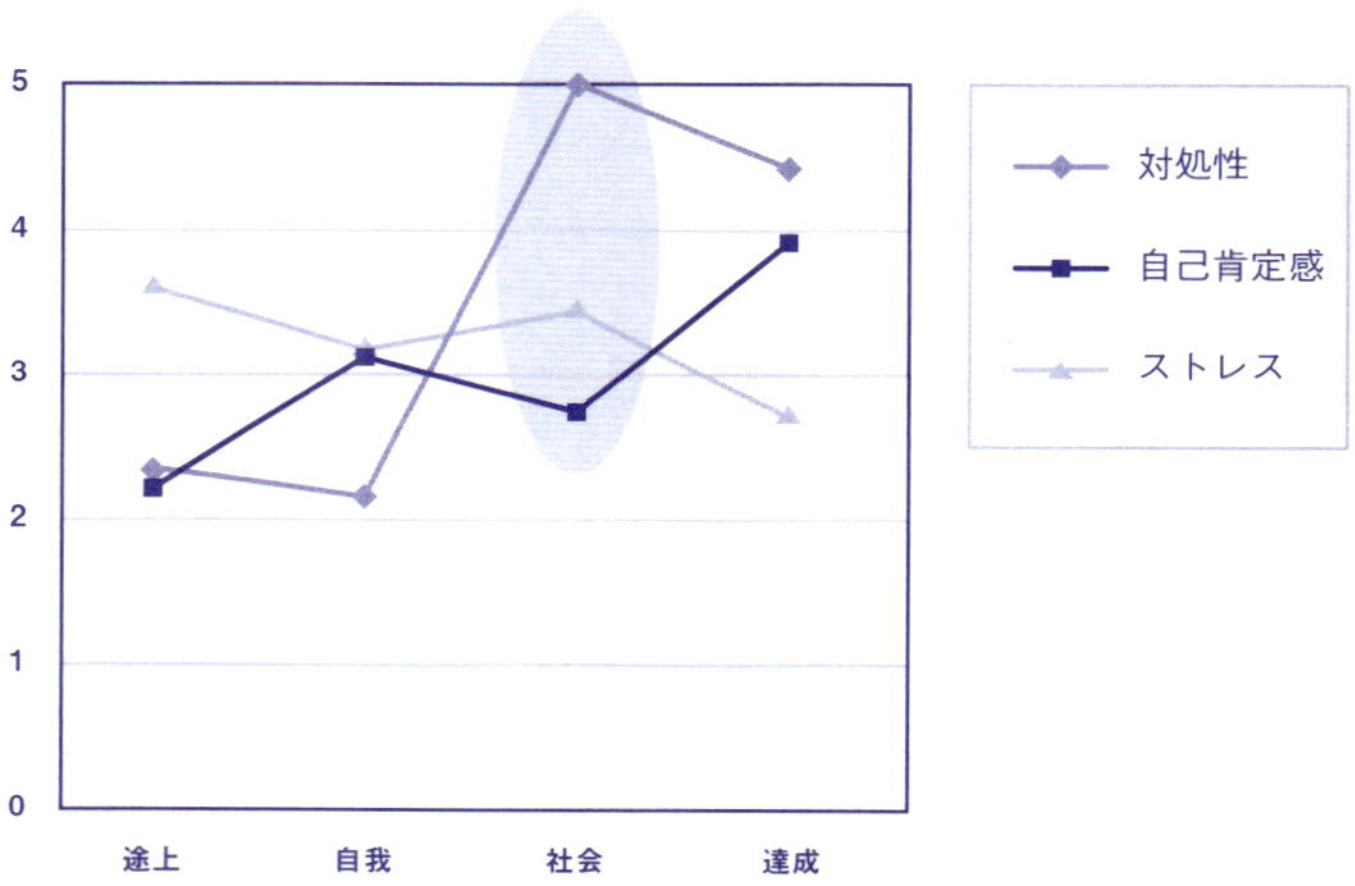

てもらえないと感じているため、「ストレス」だけが非常に高くなります。

「自我型」の子は、「自分はいいけど他人はダメ」というタイプ。自分のために予備校に行って勉強はするけど、学校の行事はサボる。自分のやりたいことだけやるタイプです。「社会性」がありませんから、誰かのために何かをしたり、頼まれたことを引き受けたりということがありません。そのため、「対処性」が非常に低いのが特徴です。

中学生に多いのが、Kさんのような

「社会型」です。これまで親の示した枠組みの中で期待に応えるのが当たり前として育ってきたタイプです。そのため、「対処性」は飛び抜けています。つまり、「言われたことはちゃんとできる」のですが、ありのままの自分とはかけ離れていると感じているため、「ストレス」は高くなります。

また、自己肯定感が低く、何事に対しても自信がないため、能動的に動くことはありません。ちょっと前に話題になっていた〝指示待ち人間〟はこのタイプが多いようです。

ところが、高校3年生で同じ項目のグラフをつくってみると、とくに「社会型」が変化していることがよくわかります。

「対処性」は、他のタイプがほとんど変化していないのに対して、「社会型」では1ポイント下がり、「達成型」とほぼ同じになります。これは、中学生の時の「社会性」はタテの関係が強く、親や先生から言われたことをそのままやっていたのに対して、高校生になると親から与えられた価値観から自立し、ヨコの関係が強い「社会性」に

タイプ別高校３年生の自己概念

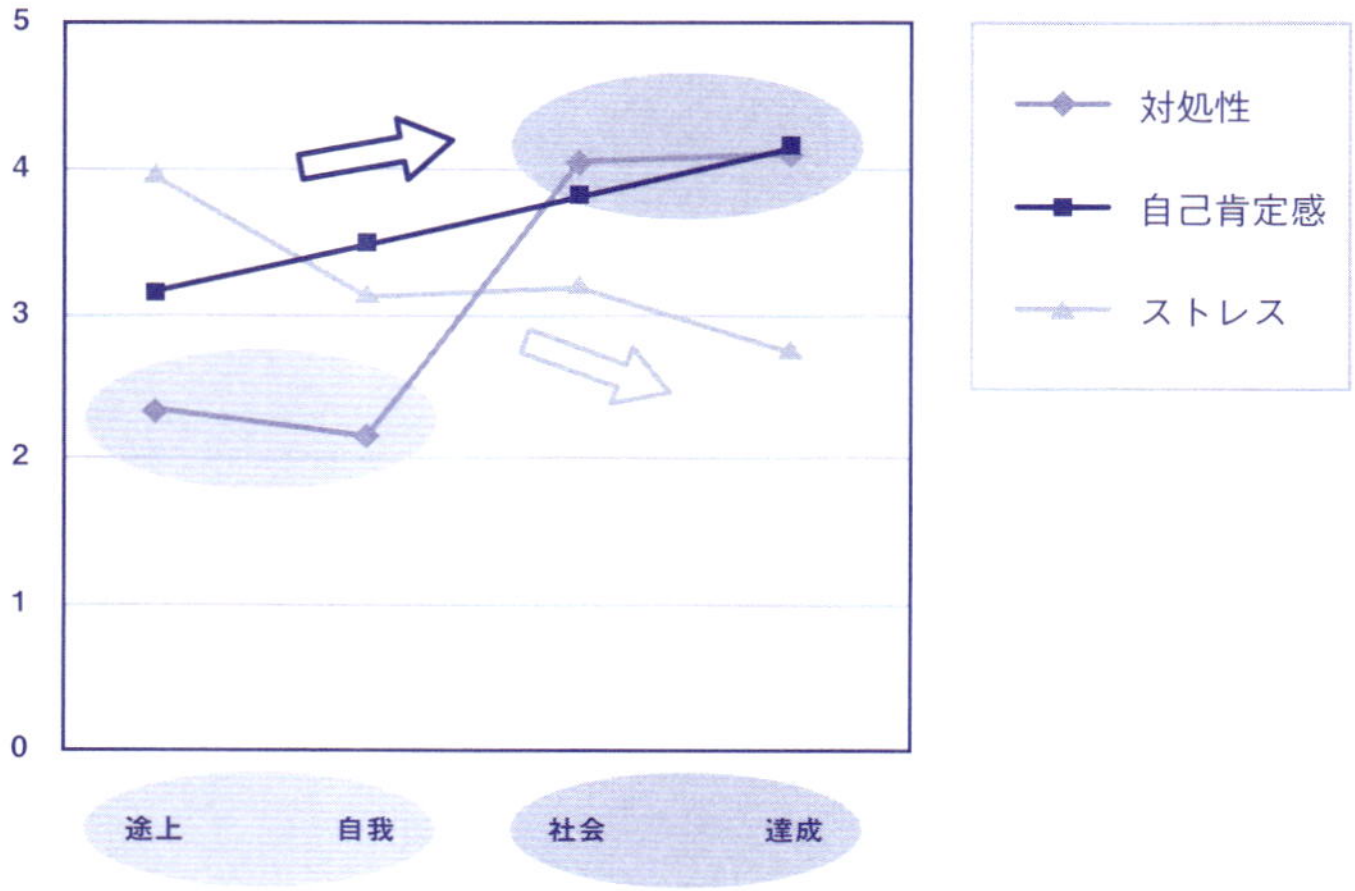

変化したからだと考えられます。言われたことをそのまま〝やらされる〟のではなくなるので、「自己肯定感」も1ポイント以上高くなり、ストレスもやや下がっています。

今まさに、お子さんが中2、中3であるとしたら、「独自性」も「社会性」も低い値にある可能性があります。この時期、お子さんは親に与えられた価値観、自己肯定感から抜け出し、自分の力で同年代の仲間の中で自分自身を見つけようともがいているのです。

そのような中で、高校受験をしなければならないとしたら、それがどれだけ大変なことであるかおわかりいただけるかと思います。周りのアドバイスも耳に入らず、自分に自信を持てない状態で臨まなければならないからです。あるいは変化しようとする自分を抑えて点数を取るために勉強し、内申点を上げるために〝いい子〟でいるということにもなります。

親がこういったことをわかっているだけでも、きっとお子さんに対する接し方が随分と変わってくるのではないでしょうか。

35 娘の強い自立心を理解する

数年前のことです。高校の前期期末考査を数日後に控えた、Lさんのお母さんから電話がありました。鷗友学園は前後期2期制のため、この考査は大学に提出する調査書の点数が決まる大切なテストです。「うちの子がいなくなりました…」と言うので、「どうしました?」と聞くと「マッキンリーに登山に行ってしまって…」と言うのです。

マッキンリーとは、現在はデナリと呼ばれる、アラスカに位置する北米最高峰の山です。そこに1人で登りに行ってしまったというのです。「もし、遭難したらテストを受けられません。どうしましょう…」という、これまでには経験したことのない相談でした。

結局、Lさんは無事帰国し、テストの日には「先生、心配かけちゃいました」と元気な顔を見せに来てくれました。「心配したよ。よかったな、生きてて」と言うと、彼女は「私、生きるために登るんです」とのこと。これまでは、親が自分のためにいろいろしてきてくれた。全部やってきてくれた。与えられすぎて、このままでは1人では生きていけない。それがLさんのマッキンリー登山の理由でした。

「私が1人で生きて行くためには、すべての人から離れて、自分だけの力で大自然に立ち向かう経験、世界にチャレンジする経験をしたい」

そう言って、晴れ晴れとした笑顔で3月に卒業していきました。

自分を手放そうとしない親への反抗

親御さんが、大切な娘さんをなかなか手放すことができないケースはよくあるものです。しかし、**子どもたちの中には、避けがたい自立への欲求があります**。親がなかなか子どもを手放せないでいると、このような形で自己肯定感の獲得へ踏み出すことがあるのです。

Lさんの場合は、命の危険性があるとはいえ、登山という社会的な行動の範疇に入っていたからまだよかったのですが、これが犯罪であったり、自分を傷つけたりという行動に出てしまう可能性がないとは言い切れません。

Lさんはマッキンリー登頂の前にも、ちょくちょく家を抜け出して登山に行っていましたから（親に伝えると反対されて閉じ込められるから内緒で出かけたそうです）、親御さんからはよく電話がかかってきていました。私はそのたびに、「登山でよかったですね」と伝えたものです。

女子高生が1人でアラスカに行ったり、登山したりすることには、もちろん命の危険もあります。本人も、そのことは十分にわかっているのです。

しかし、そこまでしても「自分の力で生きていける」という自己肯定感を獲得せずにはいられない。そんな強い気持ちを子どもたちは持っているのです。

36

30点のテスト結果を「ガハハ」と笑い飛ばす失敗フォロー

みなさんは、お子さんがテストで30点を取って帰ってきたら、何と言いますか？

「ダメじゃない。もっと勉強しないと！」

「こんな点、お父さんに見せたら何て言うかしらね」

こう叱ってしまうのが、一般的だと思います。この言葉の一番問題になる部分はおわかりでしょうか。これまでお話ししてきましたので、お気づきの方もいるかもしれませんね。**思春期女子に一番ダメージを与えるのが、この言葉の裏にある上下関係です**。「ダメ」「勉強しろ」と上からものを言われるのが、この時期の女の子には耐えられません。

このような言い方をしたところで、素直に机に向かうことはありません。あるいは必死にやってきたのに母親の期待に応えられなかった自分を責め、ふさぎ込んでしまったケースもありました。

であるならば、娘にいい意味で寄り添うアプローチをしましょう。「ああ、やっちゃったね（笑）」。そんなふうに言われると、ふっと肩の力が抜けるものです。

Mさんは、数学のテストが30点だった日のことをこんなふうに話してくれました。「母に見せたら、『あらら、ひどい点数ね!!』と大笑いされました。何よ、傷ついている私のことをそんなに笑うなんて、くやしいやらおかしいやらで……。次は絶対いい点を取って、逆にびっくりさせてみせます！」

このような関係性がつくれていれば、何度か失敗したとしても、それによってひどく塞ぎ込んだり、自己肯定感が下がってしまうということはありません。

娘より夫ばかり見ている母

お子さんへの態度を大きく変えた、Nさんのお母さんのお話もしておきましょう。

Nさんの家は、お父さんが非常に教育熱心で、常に娘のテスト結果をエクセルに入力して管理していました。成績が少しでも下がると、夫に厳しく叱られるのはお母さんのほうでした。そのような関係性の中で、お母さんも娘さんの成績をきっちり管理していました。

中学3年になった頃、Nさんは学校を休みがちになりました。「いい成績が取れないから、行かない」というのです。親の理想の成績の中に収まるように矯正され続けてきた彼女の緊張の糸が、ぷっつりと切れてしまったのです。

お母さんはカウンセラーの援助を受けながら、「私は夫のほうばかり見ていて、娘を全く見ていなかった」ということに気づいたと言います。そこで、夫に何と言われようと娘のことを受け入れると決めたのです。学校に行けなくてもいい。成績が悪くてもいい。ありのままのこの娘をそのまま受け入れる。そんなふうに態度を変えてから数ヶ月、Nさんは少しずつ学校に出られるようになりました。

実はNさんのような家は、決して珍しいケースではありません。**「夫が決めた方針に沿うように、娘を育てなければいけない」と考えている母親はとても多いのです。**そうなると母親は、夫の顔色ばかりを伺い、娘を見ているようで本当は見ていなかったということになりかねません。ご自身がどこを向いているか。しっかり娘の顔を見ているか。少し振り返ってみていただければと思います。

失敗の原因を考えさせる

中学、高校はたくさん失敗していい時期です。親にまだフォローしてもらえる、いくらでも挽回できるこの時期に、たくさん失敗して、そこから学ぶことができた子は、驚くほどの成長を見せてくれるものです。

そして、**大切なのは失敗した時の親の関わり方です**。失敗に対して「ダメじゃない！」

と上から目線の言葉をかけたり、その失敗を無視したりする親もいます。「失敗したら自分で処理しなさい」というわけです。

しかし、失敗から学ぶためには、まだまだ親の協力が必要な時期ですから、このように突き放されてしまっては、ただ落ち込むだけで終わってしまいます。

例えば、娘が何かを手伝おうとしての失敗。お母さんの誕生日に夕飯をつくった。でも、ハンバーグを真っ黒に焦がしてしまった。そんな時、「もったいない」「お前には無理」「やっぱり失敗したか」「何やってもダメだね」などと、ただダメ出しをしてはいないでしょうか。

まずお母さんにしてもらいたいのは、娘さんに感謝することです。なぜなら、結果としては失敗に終わっても、その前には「お母さんを手伝いたい」というやさしい気持ちがあったからです。その気持ちに「ありがとう」と感謝する。その上で、子供自身が失敗の原因を考えられるようなヒントを与えます。

例えば、「どうすればよかったのかな？」「火加減かな？」「生地が厚すぎた？」のように、おそらく本人も考えているであろうことを、言葉にして伝えます。これは本人に考える機会を与えるためです。「火が強すぎたから焦がしたんだよ」とすべて教えるよりも、本人に考えさせ、気づかせることで失敗が次に生かされます。

このような**失敗の場では、答えを伝えて終わりというコミュニケーションから一歩進んだやりとりが理想です。**

「失敗するな」という教えが失敗を生む

失敗というのは、「しちゃいけない」と強く思えば思うほど、してしまうものです。ゴルフで「あそこに入れちゃいけない」と思うと、ボールがなぜかそこへ飛んでいく。言い間違ってはいけない言葉が強く印象づけられると、無意識のうちに口をついて出てしまう……そんな経験がみなさんにもないでしょうか。

51ページでお話ししたように、**女の子はただでさえ「失敗したくない」と考えているものです。それに輪をかけるような「失敗するな」というプレッシャーは、失敗に向かわせることはあっても、娘の助けになることはありません。**

娘が失敗して戻ってきたら、「バカねぇ」と言って一緒に笑ったり、ぎゅっと抱きしめたり、そんな親子関係を結ぶことができれば、失敗を恐れずに立ち向かうことができるようになります。

37 娘の「○○が苦手だから」には同調しない

「ああ、それよく言ってしまいます！」とお母さん方がおっしゃるセリフがあります。それは、「私も○○が苦手だったから」という言い方。「私も数学が苦手だったから」「私も運動が苦手だったから」「私も音痴だし」などなど。

娘の「○○が苦手」という訴えを受けて、つい「私も」と言ってしまうことは、いい意味での「共感」ではありません。こう言ってしまうことで、娘に「できなくても大丈夫」という言い訳を与えてしまっているのです。

先ほどの理系の話にもつながるのですが、「私は数学が苦手なの」と言う娘に「お母さんも数学が苦手だったわ」と同調してしまうケースがあります。母親はどうしても「私と娘は同じ」という感覚を持ちやすいからです。

でも実際はそうとは限らず、一般に中学も後半になると理数系の抽象化能力が育ち、理系の成績が伸びてくるものなのです。しかし、「私もお母さんと同じで数学が苦手なんだ」と思い込んでしまった子は、伸びる余地があるにもかかわらず、その手前で諦めてしまいます。親ができない言い訳を与えて、「私の能力はこの程度だ」と思い込んでしまうのです。

娘が弱音を吐いた時の対処法

もし娘さんが「○○が苦手」と言ってきた場合、まずは「そうだっけ？」と言ってみてください。できたら、その苦手という○○の中で、ちょっとでも可能性のある部分を見つけて褒めるといいでしょう。

「英語が苦手」と言ってきたら、「でも、発音はいいよね」などと返します。そのように言われることで、「そんなに苦手でもないかも」という思いが生まれるだけでなく、「英語が苦手な私」「勉強が苦手な私」というレッテルを自分自身に貼るのを防ぐことができます。

これは勉強だけの話ではありません。先日も「私はリーダーに向きません」と、ある部活の主将が相談に来ました。話を聞くと、その子は「リーダーは完璧でなくてはいけない」と思い込んでいたのです。「完璧にできない私は、リーダーには向いていない」というわけです。しかも、ある心理テストで「リーダーに向いていない」という結果が出て、「こんな私が主将をやっていていいのだろうか」とますます悩んでしまっていました。

「完璧なリーダーなんていないよ。日頃からリーダーの資質について深く考えているから、リーダーの資質を問う設問に、自分はまだまだ十分でないと回答して、そのような結果が出たのでしょう。あなたは普段から深く考えていない他の人より、リーダーとは何かをしっかり考えているということだよ。そんなあなたこそ、リーダーに向いている」という話をしたところ、明るい顔をして校長室を出て行きました。

「苦手」を言い訳に、チャレンジしないまま終わってはもったいない。もし、お子さんがそのような話をしてきたら、まずは「そうだっけ？」と返してみてください。

38 娘の失敗を事前に回避しない

「失敗学」というものが10年ほど前から流行り出し、企業でも「失敗した人の話を聞く」というセミナーを開いたりしています。これからの社会は、残念ながら「右肩上がりで、みんなが成功できる」というものではなく、どんなにがんばってもうまくいかない、成果が出ないという経験をすることも多くなるでしょう。

そういう社会に放り込まれた時に、ちょっとした失敗で立ち直れないようでは困ります。これからの子育ては、失敗がある、挫折があることを前提にしていかなければならないのです。

しかし、実際には「なるべくなら失敗させたくない」と考えている親御さんがほとんどです。受験にしても、親が問題集を買って、一緒に勉強して、いい学校に合格させて…といった様子が見られます。

2021年から変わる大学入試の対策として、大学付属校の人気が伸びているのもその傾向の一つでしょう。子どもに失敗させないための選択を、親がしているのです。

思春期の失敗は生きる力になる

52ページでもお話ししましたが、思春期の失敗であれば、親や学校がフォローすることができます。セーフティネットがある時期に失敗をして、そこから立ち直るすべを学んでおくことは、とても大切です。

この時期に、人間関係において、少し苦労しておくのもいいものです。中学校や高校は近隣から同じ年齢、受験を経て似たような学力、女子校であれば同じ性別の子という同質の人間の集まりです。

このような**小さな社会の中で、うまくコミュニケーションを取る練習をしておくことは、大人になって年齢も国籍も違う人々と働く際の助けになる**はずです。

「失敗しても大丈夫」がチャレンジにつながる

泳げるようになるためには、いずれにせよ水に飛び込まなくてはなりません。陸上でいくらフォームを練習しても、実際の水の中では思うように手足を動かせないものだからです。失敗するのが嫌だから、怖いからと水に入らなければ、いつまでたっても泳げるようにはなりません。

できないかもしれないけど、やってみる。失敗しても、もう一度挑戦する。そのような気持ちを持てるかどうかが、これから新しいことにどんどんチャレンジしていかなければならない子どもたちに必要な資質なのです。

学問も同じです。例えば、鷗友学園の英語の授業はオールイングリッシュですから、みんなたくさん間違えます。「間違ってしまって恥ずかしい」と顔を真っ赤にする子もいますが、たくさん間違えた子ほど、どんどん英語ができるようになります。間違えるということは、単に例文をなぞるのではなく、自分の頭で考えて英語を話そうとしているからです。英語がペラペラな人というのは、数え切れないほどの間違いをしてきた人である、と言うこともできそうです。

「失敗しても大丈夫」と思える子は、新しいことにどんどんチャレンジしていきます。そして、失敗しつつもだんだんと成功できるようになっていくのです。チャレンジが成功につながった時、自己肯定感は否応なしに上がっていきます。

失敗できるということは、チャレンジできるということ。親御さんは失敗を回避させるように振る舞うのではなく、本人にやらせてみる、本人に任せてみることをぜひ意識するようにしてください。

あとがき

最近、子育ての責任をお母様ひとりで背負って苦労していらっしゃるケースが多いことが気になります。お子様に何か困ったことが起こった時、ご両親がいらっしゃる場合にはできる限りそろって学校に行き、先生と相談してください。お子様の問題を共有できる方と一緒に受け止めていただきたいからです。

そして、パートナーはもちろん、家族や友人、近所の方、専門機関の担当者などに話を聞いてもらってください。そのお相手に、問題解決の手助けをしていただくだけではなく、お母様の心の支えにもなっていただきたいのです。

また、自己肯定感の高い女の子に育てるためには、お父様の役割が大きいことをおわかりいただけましたでしょうか。思春期の女の子にとって、夫婦関係は社会の縮図です。家族同士が対等でなく、社会に出て女性が不当な扱いをされるのなら、がんばっても無駄ではないかと思ってしまいます。女性にとっては、タテの関係の中で競争するより、ヨコの関係の中で「共争」するほうが安心です。パートナーと、そしてお子様と、一個の人格同士として対等な関係を作るようにこころがけてください。

私たちは、少なくとも思春期、すなわち性同一性（性別のアイデンティティ）を獲得する時期には女子校の存在意義があると考えています。性同一性を獲得できないと自己肯定感は下がります。もちろん、共学校の中でも自己肯定感を獲得できる場合もありますが、かなり多くの女子生徒にとっては女子校こそ自己肯定感を育むことができる場であると考えています。

世界経済フォーラムが発表した２０１７年版「ジェンダー・ギャップ指数」（男女平等ランキング）で、日本は調査対象１４４カ国のうち、１１４位でした。まだまだ女性に対するあからさまな差別が残っています。この状況が変わらない限り、鷗友学園は女子校というあり方を変えないでしょう。鷗友学園が共学校になる時は、名実ともに日本が男女の平等・共生を実現した時です。

この本は、思春期の女の子のお母様とお話しする形で、「自己肯定感」をキーワードにまとめていただきました。これまで、鷗友学園の先生方をはじめ、小学校から大学に至る全国の先生方、カウンセラー、ケースワーカー、精神科医の先生方、塾・予備校をはじめとする中学受験・大学受験関係の皆様、出版や報道、広告関係の皆様など、多くの方々にお世話になってきました。ありがとうございました。また、仕事に夢中になっている私をいつも見守ってくれている妻・和子に、感謝の言葉を捧げます。

2018年9月

鷗友学園女子中学高等学校
名誉校長　吉野明

著者プロフィール

吉野明（よしの・あきら）

私立鷗友学園女子中学高等学校名誉校長。東京三鷹生まれ。一橋大学社会学部を卒業し、鷗友学園の社会科の教師となる。以来、44 年間、女子教育に邁進。鷗友学園における高校３年生時点での文系・理系選択者はほぼ半々という、女子校の中では極めて高い理系選択率を実現。女子の発達段階に合わせて考えられたプログラムなどにより、女子生徒の「自己肯定感」を高め、“女子が伸びる”学校として評価されている。

女の子の「自己肯定感」を高める育て方

2018年 9月20日 初版第1刷発行
2020年 4月10日 初版第7刷発行

著　者　吉野 明
発行者　小山隆之
発行所　株式会社 実務教育出版
〒163-8671　東京都新宿区新宿 1-1-12
電話　03-3355-1812（編集）　03-3355-1951（販売）
振替　00160-0-78270

印刷／株式会社精興社　　製本／東京美術紙工協業組合

ISBN978-4-7889-1957-0　C0037

自分で考えて動ける子になる モンテッソーリの育て方

上谷君枝・石田登喜恵 著

100年前のイタリアで生まれた、こどもが自発的に行動できる力を引き出す教育法。0〜6歳のお子さんを持つママさん必読!

定価1300 円（税別） 175ページ ISBN 978-4-7889-1478-0